KB267279

초심자를 위한

군더더기 없는 불교

노아 라셰타 지음
백귀순 옮김

운주사

아내 지젤에게,
당신의 끝없는 응원에 감사하오.

라이코, 노엘, 즈네비브에게,
무한 변화 속에서도 서로 조화를 이루는
세상의 아름다운 이치를
너희들이 알게 되기를 바란다.
그리고 많이 사랑해!

나의 친구이자 스승이신
코요 쿠보세께
합장 인사드립니다.

CONTENTS

이 책의 사용법

불교와 나의 인연은 2010년에 시작되었다. 그 당시 힘들었던 나의 삶은 내가 아는 모든 것에 대해 의구심을 갖게 만들었다. 명상이나 불교 안에서 위안을 찾으려 했지만, 배움이 깊어질수록 내가 가진 삶의 고통을 없애는 비법은 없다는 것을 알게 되었다. 분명해지는 건 괴로움을 없애려고 애쓰는 것이 오히려 나에게 더 많은 괴로움을 안겨주고 있다는 것이었다. 이런 역설적 상황의 이해를 위해 불교 철학에 더 깊이 파고들었고 백여 권의 관련 책을 탐독했다. 나의 고찰은 지역 명상 모임으로 이어져, 배우자와의 시련이나 종교적 환멸과 같은 삶의 어려움을 겪고 있는 이들에게 불교 개념을 알리기 시작했다. 그 후에 Secular Buddhism(세속불교)라는 팟캐스트를 성공적으로 시작했고, 승려가 되기 위한 수행자 과정에서 2년을 보내기도 했다. 지금은 온라인과 전 세계 워크숍을 통해 마음챙김과 불교 철학을 지도하고 있다.

이 책은 불교 철학이나 불교 가르침의 핵심에 대한 기본적인 이해를 얻고자 하는 사람들을 위해 쓴 불교 입문서이다. 이 책을 통해 얻어진, 불교와 그 역사에 대한 탄탄한 기초 지식은 불교 수행을 시작하거나 정진하는 데 발판이 될 것이다. 또한, 명상에 대한 서양의 관심, "마음챙김 열풍" 및 전 세계 약 5억 명의 불교 수행자를 통해 오늘날 보여지고 있는 불교의 문화적 영향을 이해하는 데 도움이 될 것이다.

이 책의 네 부분은 각각 붓다는 누구인지, 그가 세상을 어떻게 보았는지, 그가 무엇을 가르쳤는지, 그리고 그 가르침이 2,500년이 지난 후 불교도 혹은 비불교도에 의해 어떻게 실천되었는지를 포함하고 있으므로 불교의 다양한 측면에 대한 기본적인 이해를 얻는 데 도움이 될 것이다. 이 책은 문답 형식으로 작성되었으며, 본문에 있는 많은 질문은 필자가 불교에 대한 워크숍과 세미나를 통해 직접 가르칠 때 받은 질문을 반영하였다. 1부에서는 붓다로 알려진 역사적 인물을 중심으로 하고, 2부에서는 붓다의 가장 중요한 가르침을 이해하는 데 필요한 주요 불교 개념과 사상에 중점을 두었다. 3부에서는 불교 철학과 종교로서의 전통적 기초가 되는 가르침을 다룬다. 마지막으로 4부에서는 명상과 염불과 같은 불교의 수행법을 탐구할 것이다. 구성 방식 때문에 불교를 처음 접하는 사람들은 처음부터 끝까지 순서대로 읽는다면 이 책을 최대한 활용할 수 있을 것이다. 뿐만 아니라 참고서처럼 사용할 수 있어서 특정 주제에 관심이 있는 경우 찾아보기에서 확인하여 해당 페이지로 바로 찾아 들어 갈 수도 있다.

책의 중간중간에 "일상 속 불교"라는 별도의 제목의 글들이 있다. 본문에서 논의하고 있는 주제를 일상생활의 예를 들어 현실에 맞게 풀어가려는 의도이다. 다소 추상적으로 보일 수 있는 불교 가르침이 여러분의 일상 경험에서 어떻게 드러날 수 있는지를 관련 이야기로 보여주려고 한다.

여기서 다양한 불교 종파에 대해 간략하게 설명하려 한다(37페이지에서 이에 대해 더 자세히 설명하겠다). 누군가가 초심자를 위한 기독교 입문서라는 책을 썼고 그 저자가 기독교인이 아니라 카톨릭 신자라면 그 책은 기독교 입문서로서는 상당한 괴리감이 있을 것이다. 이처럼 기독교는 광범위하며 다양한 분파들 사이에 교리와 접근 방식에 많은 차이가 있다. 불교도 마찬가지이다. 나는 티베트불교 공부를 먼저 시작했고, 그 다음에는 선불교로 초점을 옮겼다. 이후에 정토불교의 영향을 많이 받은 출가 수행과정을 마쳤지만 지금은 재가 불교를 실천하고 있다. 그래서 이 책에서는 특정 종파의 상대적 장점에 대해 중립적 견해를 제시하기 위해 최선을 다했지만, 그동안 내가 공부하고 배워온 불교 종파의 영향에서 완전히 자유로울 수는 없을 것이다. 종파에 따라 스승들이 불교의 개념 중 일부를 설명하는 방법이 다를 수 있다는 점을 이해하고, 이 책에서는 불교 사상과 가르침에 대한 전반적인 개요를 얻을 수 있기를 바란다.

그리고 단어 사용에 대한 참고 사항이다. 이 책에서 불교 수행의 방식을 설명할 때 '숙련된(수행이 능숙한)'과 '비숙련된(수행이 덜 된)'이라는 표현이 자주 사용된다. 이것은 산스크리트 표현 upaya-kaushalya(우파야-카우샤랴)에서 유래된 "방법에 대한 지혜로운 능숙함이나 숙련된 기술", 즉 "방편"을 의미한다. 숙련된 기술(방편)이란 대승불교에서 숙련된 불교 수행자가 특정한 상황에 따라 자신만의 수행 방법이나 기술을 사용할 수 있음을 강조하는 개념이다. 붓다는 듣는 사람의 요구와 근기를 고려하여 자신의 가르침을 달리하는 것으로 유명하다. 이런 방식으로 우리는 각자의 필요와 상황에 맞게 수행을 조절시킬 수 있는데, 이러한 것을 숙련된 기술인 방편을 적절하게 쓰고 있다고 여긴다. 이제 불교에 대해 알아보자!

1부

붓다

이 장에서는 현재 붓다로 알려진 인물, 즉 인간 고타마 싯다르타에 대해 얘기하려 한다. 그의 삶과 그를 깨달음으로 이끈 주요 사건들, 그리고 그의 가르침이 어떻게 철학 체계와 세계적인 종교로 발전했는지에 대해 배우게 될 것이다. 수천 년이 지났지만 붓다의 가르침과 철학은 오늘날까지 여전히 의미가 있다.

붓다는 누구시죠? 실존 인물인가요 아니면 신화 속 인물인가요?

붓다는 고타마 싯다르타라는 사람에게 붙여진 하나의 호칭이다. 싯다르타는 BCE(공동연대 이전) 500년경 지금의 네팔과 인도 북부지역에서 살았다. 일반적으로 사람들이 "붓다"라고 하면 현재 우리가 불교라고 부르는 것의 토대가 된 가르침을 준 사람인 싯다르타를 말하는 것이다. 싯다르타의 존재에 대한 학계의 논쟁은 거의 없지만, 그의 생애에서 특정한 사건들을 둘러싼 논쟁은 있어 왔다. 많은 고대 전통에서 흔히 볼 수 있듯이, 근본적 불교 사상은 구전으로 전승되어 왔다. 이것은 전승자들에게 개인적 해석에 있어 더 많은 여지를 열어 주지만 현재 전해지는 이야기의 역사적 정확성에 대해 의문을 일으키게 한다. 그럼에도 불구하고, 우리는 전해 내려오는 붓다의 가르침으로부터 붓다에 대해 많은 것을 알 수 있을 것이다.

우리는 붓다의 가르침이 인간 고통의 문제와 그 해결책이라는 두 가지 주요 주제에 집중되어 있다는 것을 알고 있다. 붓다가 제자들에게 가르친 것은 믿고 따라야 할 신념체제가 아닌 실천수행을 위한 생활 방식이었다. 다르마(Dharma, 법)

로 총칭되는 붓다의 가르침은 우리 자신과 현실의 본성에 대한 명확한 이해를 얻기 위해 내면을 들여다보고 자신의 마음을 공부하도록 안내하고 있다.

붓다는 어떤 언어를 사용했나요? 불교에서 종종 외국어처럼 들리는 단어들을 사용하는 것을 자주 듣는데, 그것이 붓다가 사용한 원래 언어인가요?

붓다는 인도 북부에 있는 고대 마가다 왕국의 구어인 마가디 프레크리트(Mägadhi Präkrit)어를 사용했을 가능성이 높다. 하지만 붓다의 가르침을 모국어로 쓴 글의 기록이 없기 때문에 확신할 수는 없다. 붓다 당시와 그 이후 오랜 세월 동안 그의 가르침은 인도와 현재 네팔 전역에서 구술로 전해졌다. 붓다의 가르침이 마침내 수집되고 기록된 것은 붓다 열반 후 수백 년이 지나서였다. 기록된 붓다의 가르침 중 가장 오래된 모음집 중 하나는 팔리어 경전(Pali Canon)으로 알려져 있는데, 이는 한때 인도에서 학문 및 종교적 목적으로 사용되던 언어인 팔리어로 쓰여졌다. 팔리어 경전은 붓다 가르침의 가장 오래된 출처로 알려져 있기 때문에 이 책뿐만 아니라 불교에 관한 다른 많은 저술에서 팔리어 단어가 광범위하게 사용되는 것을 볼 수 있다. 또한 팔리어(Pali)와 밀접한 관련이 있고 인도에서는 여전히 전례 언어로 사용되는 산스크리트어(Sanskrit)로 된 단어도 흔히 볼 수 있다.

실존하셨던 붓다에 대해 우리는 무엇을 알고 있나요?
무엇이 그를 깨달음의 순간으로 이끌었나요?

고타마 싯다르타는 기원전 500년경 지금의 네팔 룸비니에서 태어났다는 것이 전통적인 이야기이다. 그는 왕의 아들로 태어나 호화롭고 부유하게 자랐다. 29세가 되었을 때, 그는 결혼을 하고 아들이 있었으며, 왕자로서의 의무를 수행하고 있었다. 그러던 어느 날 모든 것이 바뀌었다. 궁전을 나서 마차를 타고 외출하던 중 처음에는 노인을, 그 다음에는 병자를, 그리고 시신을 마주하게 되었다. 그 이전까지 싯다르타는 궁전에서 보호받는 삶을 살았고 늙음, 질병, 죽음의 현실로부터 차단된 생활을 해왔다. 이러한 만남은 그의 근간을 흔들어 놓았다. 그는 자신의 풍요와 호화로움이 자신을 고통과 죽음으로부터 막아주지 못한다는 것을 깨달았고, 이로 인해 깊은 고뇌를 느꼈다. 그 후 싯다르타는 종교적 지혜를 구하며 걸식에 의지한 채 떠돌이생활을 하는 수도승을 만나게 된다. 이 수도승은 평온하고 고요해 보였고, 싯다르타처럼 괴로워하는 것 같지 않았다. 싯다르타는 삶의 가혹한 현실에 대한 불만을 해소하기 위해 종교적 지혜를 구하기로 결심했다.

싯다르타는 왕자의 삶을 버리고 내적 고요함을 찾기 시작했다. 그는 극도의 자제력과 고행을 실천하는 스승들과 함께 수행했다. 6년간 고행과 긴 단식에 이르기까지 헌신적, 종교적 수행을 거친 후, 싯다르타는 여전히 자신의 질문에 대한 답과 원하는 지혜를 얻지 못하는 것에 좌절감을 느꼈다. 그는 결국 고요함에 이르는 길은 정신적인 수행을 통해 찾아야 한다는 것을 깨달았다. 인도 북부의 한 장소를 찾은 그는 무화과나무 아래 앉아 깊은 사유에 들었다. 그곳에서 그는 현실을 명확하게 보지 못하게 하는 개념과 관념을 해결하려 애써 가며 자신의 마음과 씨름했다. 일주일이 지났을 때 그는 문득 자신의 불만과 고통의 원인이 자신에게 있음을 이해하게 되었고, 또한 자신이 절실히 찾던 즐거움과 만족의 원천도 자신에게 있음을 알게 되었다. 자신이 추구하는 지혜가 자신의 외부가 아니라 자신의 내면에 있음을 알아차리고서야 그는 진정한 깨달음을 얻었다. 그는 팔리어와 산스크리트어로 "깨어났다"는 뜻의 붓다(Buddha)로 알려지게 되었다. 그가 깨달음을 얻은 장소는 그를 기리기 위해 보드가야(Bodh Gaya)로, 그 나무는 보리수(Bodhi tree)로 이름하고 알려지게 되었다.

현실 대 현실 인식

고속도로를 주행하던 중 갑자기 차 한 대가 내 앞으로 끼어들어 브레이크를 밟아야 한다고 상상해 보자. 일반적인 반응은 경적을 울리거나 운전자에게 삿대질을 하는 것이고, 심지어 우리는 보복 운전을 일으킬 강한 분노를 경험할 수도 있다. 왜 우리는 이런 순간에 화가 나거나 격분하게 되는 걸까?

불교적 관점에서 어떤 상황(이 경우 차가 내 앞에 끼어드는)의 현실에 대한 우리의 인식은 실제로 일어난 일만큼이나 관념의 영향을 받는다. 이런 상황에서 우리는 "이 자식이 내 앞에 끼어들었어!"라고 생각할 수 있다. 하지만 그 운전자가 의도적으로 끼어들었다거나 이기적이고 못된 사람이라는 생각은 우리가 마음속에서 만들어 낸 허구의 이야기인 것이다. 이 사람이 나쁜 사람인지 어떻게 알 수 있을까?

혹 그 사람이 충격적인 소식을 듣고 그것 때문에 주의가 산만해진 거라면 어떤가? 아니면 응급 상황에 처한 경우라면 어떤가? 이러한 경우라면 앞서 가진 우리의 감정이 달라질까? 아마도 그럴 것이다. 그 상황의 현실은 어떤 차가 내 앞으로 끼어들었다는 것, 그것이 우리가 아는 전부이며 다른 모든 것은 불확실하다. 우리는 그 운전자가 누구인지, 왜 그런 식으로 행동했는지, 또는 그 차에서 무슨 일이 일어나고 있는지는 알 수 없다.

우리는 일상생활에서 일어나는 모든 일에 대해 끊임없이 의미를 부여하고 이야기를 만들어 간다. 생각이 떠오르면 우리는 그것에 대한 이야기를 만들고, 그 이야기는 감정을 불러일으키고, 그 감정에 대해 우리는 또 다른 이야기를 만들고, 그렇게 반복하다 보면 어느새 우리는 자신의 생각에 대한 습관적인 반응에 갇혀 삶의 현실에 거의 주의를 기울이지 않게 된다.

불교의 가르침은 우리가 상황을 받아들이는 데 있어서 새로운 관점을 줄 수 있다. 우리의 이야기는 사실이 아닐지라도 우리에게 확실성을 주기 때문에 때때로 위안이 되는 것처럼 보인다. 그러나 우리의 인식을 흐리게 하는 이야기에서 벗어나고, 우리가 처한 상황을 항상 완벽하게 이해하지 못해도 괜찮다고 받아들이는 데는 큰 해방감이 있는 것이다. 이것이 불교가 해탈의 길이라고 불리곤 하는 이유이다. 해탈은 갑작스런 끼어듦에 대해 반응하지 않는 순간인데, 실제로 무슨 일이 일어났는지 알 수 없으므로 반응할 것이 없기 때문이다. 해방은 현실을 있는 그대로 경험하는 것이다.

붓다(Buddha)라는 말은 무엇을 의미하나요?

붓다(Buddha)는 산스크리트어와 팔리어로 "깨달은 자" 또는 "깨어 있는 사람"을 의미하는 단어이다. 깨달음과 깨어 있다는 개념은 불교 철학 전반에 걸쳐 퍼져 있다. 불교는 있는 그대로의 실상이 있는 반면에, 우리 인간이 인식하거나 이해하는 실상이 있다고 가르치고 있다. 현실에 대한 우리의 인식은 우리 마음을 형성하는 조건들에 따라 영향을 받는다. 즉, 우리의 생각, 문화적 신념, 개념, 의견 등 우리가 현실을 보는 방식에 직접적인 영향을 미친다. 붓다란 우리가 쉽게 빠지는 현실에 대한 잘못된 인식에서 완전히 해방된 사람을 의미하며, 이것은 불교 수행의 궁극적 목표인 존재에 대한 깨달음의 경지인 열반(nirvana, 산스크리트어로 "꺼짐" 또는 "소멸"을 의미)을 경험하는 것이다.

붓다는 깨달음을 얻은 후 무엇을 하셨나요?

깨달음을 얻은 후 붓다는 사람들이 스스로 깨달음을 얻을 수 있도록 가르치는 데 여생을 바쳤다. 붓다는 그와 육체적 고행을 함께 했던 수도승들에게 첫 설법을 했다. 그들은 붓다와 함께 마을에서 마을로 유행생활을 하며 그의 가르침을 전파했고 마침내 비구와 비구니로 구성된 초기 승단 체계를 확립했다. 붓다는 약 80세에 열반에 들었지만 그의 가르침은 오늘날에도 계속해서 전 세계에 전파되고 있다.

붓다에게 가족이 있었나요?

붓다가 되기 전에 고타마 싯다르타는 야소다라(Yasodhara)라는 여인과 결혼하였고, 그들 사이에 라훌라(Rahula)라는 아들이 있었다. 야소다라와 라훌라는 싯다르타가 깨달음을 구하는 동안 궁전에 머물렀으나 전례에 의하면 그들은 나중에 붓다가 설립한 비구와 비구니의 승단에 합류했다고 전해진다. 붓다에게는 형제자매가 없었지만 몇몇 사촌들이 그의 승단에 합류하여 승려가 되었다. 사촌 아난다(Ananda)는 붓다의 가르침과 설법을 암송한 승려로 잘 알려져 있고, 붓다의 가르침은 팔리어 경전으로 작성되기 전까지 구두로 전해졌다. 붓다의 가족, 친구, 제자들은 그의 가르침을 널리 전하는 데 중요한 역할을 했다.

뚱뚱하고 행복해 보이는 붓다의 동상과 그림을 본 적이 있습니다. 그게 붓다의 모습인가요?

붓다는 '깨달은 자'라는 의미의 칭호이기 때문에 역사적으로 많은 붓다가 존재했다. 대표적 인물 중 한 명이 웃는 붓다 또는 뚱뚱한 붓다로도 알려진 중국의 승려 포대(Budai)이다. 만약 뚱뚱하고 웃고 있는 탁발 승려의 동상을 본다면, 그것은 불교를 일으킨 고타마 싯다르타가 아니라 포대화상을 보고 있는 것이다. 싯다르타를 다른 붓다와 구별하기 위해 불교도들은 종종 그를 고타마 붓다 또는 석가모니 붓다(석가족의 현자)라고 부른다. 고타마 붓다는 대부분 긴 귀에 여윈 모습으로 묘사되며, 주로 좌선 자세를 취하고 있다.

불교도들은 붓다를 신으로 생각하고 붓다를 숭배하나요?

붓다는 신이 아니라 스승이었다. 불교도들이 불상에 절하는 것은 붓다에 대한 숭배라기보다 자아중심적 삶을 극복하기 위해 붓다의 가르침을 따르겠다는 겸허한 의지를 몸으로 표현하는 것이다. 사실, 한 불교 경전에서 붓다는 신 숭배에 대해 비판적 태도를 보이며, 어떤 것을 숭배하는 것보다 윤리적으로 사는 것이 훨씬 더 중요하다고 젊은이에게 말했다. 하지만 시간이 지나면서 불교의 여러 종파는 붓다를 다양한 방식으로 바라보게 되었고, 일부는 붓다를 거의 신격화하고 숭배하는 것처럼 보이는 반면, 다른 일부는 붓다를 가장 존경하는 최고의 스승으로 대우한다. 붓다가 인간이자 스승 이외의 존재라는 교리는 없지만 일부 불교 전통에는 붓다를 신의 한 유형으로 묘사하는 문화적 관습이 분명히 있다. 하지만 이런 신 개념은 유대-기독교 및 이슬람 전통에서 생각하는 것과 같은 창조주 신은 아니다.

자신의 잘못을 지적해 주는
현명한 사람을 만나거든
그 사람을 따르라.

그는 나에게
보물이 감춰진 곳을
일러주는 사람이니.

붓다,
담마빠다

붓다의 주요한 역할이 스승이라면 그는 정확히 무엇을 가르쳤나요?

붓다는 깨달음을 얻었을 때, 깨달음을 진정으로 이해하기 위해서는 깨달음의 어떤 측면들은 직접 체험해야만 한다는 것을 알게 되었다. 어떤 단어나 개념으로도 깨달음이 무엇인지 온전히 표현할 수는 없다. 즉, 깨달음은 설명될 수 있는 것이 아니라 체험해야 한다는 것이다. 그래서 붓다는 특정 신념 체계를 가르치는 대신 사람들이 스스로 깨달음을 실현할 수 있도록 돕는 방법인 수행 체계를 일러주었다. 붓다의 가르침은 실천을 위한 것이며, 그로부터 얻은 경험은 수행자 각자가 스스로 검증해야 한다. 우리는 이러한 가르침이 참인지 아닌지를 판단하기보다 그것이 효과가 있는지를 검증해야 할 것이다. 다시 말해, 붓다의 가르침이 실제로 고통의 감소, 궁극적으로 고통의 소멸로 이어지는가 하는 것이다.

불교의 목표는 우리가 현실과 고통의 본질을 이해하여 고통의 원인을 내려놓을 수 있도록 돕는 것이다. 이 과정은 우리가 세상을 어떻게 바라보는지를 비판적으로 살펴보는 것에서부터 시작된다. 선승 틱낫한(Thich Nhat Hanh)은 "불교의 비밀은 진리가 스스로 드러날 수 있도록 모든 관념과 개념을 제거하는 것이다"라고 말한다.

붓다는 우리가 본질적으로 자신의 신념, 인식, 관념에 얽매여 있는 마음의 포로라고 가르쳤다. 우리가 실제 현실을 왜곡된 모습으로 바라보게 된다면 이 잘못된 현실 인식은 필연적으로 불필요한 고통을 초래하게 되는 것이다.

우리는 자신의 고통과 불만족의 원인을 외부 환경 탓으로 돌리며 살아가는 경향이 있다. 붓다의 가르침은 우리가 이러한 관점을 바꾸어, 우리가 겪는 불필요한 고통이 무엇을 보는가보다는 어떻게 보는가에 더 깊이 관련되어 있음을 깨닫게 해준다. 우리가 추구하는 즐거움과 만족은 외부의 변화가 아니라 내부의 변화에서 오는 것이다. 붓다의 가르침의 핵심은 이 책의 3부에서 더 자세히 다룰 예정이다.

크리스를 알아보지 못했어!

몇 년 전, 나는 사진 장비 회사에서 작업 중인 특수 제품을 위해 새로운 공급업체를 찾아야 했다. 그 과정에서 새로운 공급업체 공장의 영업 책임자인 크리스(Chris)와 연락이 닿아, 비대면으로 제품 시연 제작 작업을 진행하게 되었다. 몇 달간 이메일로 소통한 후, 우리는 직접 만나기로 약속했다. 하지만 약속 장소에 도착했을 때, 크리스는 어디에도 보이지 않았다.

나는 다시 이메일을 찾아 내가 제시간에 정확한 장소에 도착했는지 확인했다. 아마 크리스가 조금 늦는 것이라 생각하고 잠시 기다렸다. 하지만 시간이 지나도 크리스는 나타나지 않았다. 또 다시 몇 분 더 기다렸지만 여전히 보이지 않자, 초조해진 나는 주변을 서성거리며 크리스가 어디에 있는지 궁금해졌다. 그러다 두 젊은 여성들이 앉아 있는 근처 벤치에 앉아 크리스에게 전화를 걸어 왜 이렇게 늦는지 물어보려고 했다. 그 순간, 한 여성이 돌아서서 나에게 말했다. "안녕하세요, 혹시 당신이 노아 씨인가요? 저는 크리스입니다!" 나는 웃음이 터졌고, 그 이유를 설명하자 그녀도 함께 웃었다.

　이 이야기는 재미있기도 하지만, 고정관념이 현실을 이해하는 방식에 어떤 영향을 미칠 수 있는지를 잘 보여준다. 나는 크리스가 남자라고만 믿었고 약속 시간을 지키지 않는 무책임한 사람일 것이라고 생각했다. 나는 크리스가 여자인 경우를 전혀 생각하지 않았기에 이미 그곳에 와 있던 크리스를 알아보지 못했다. 내 부정확한 고정관념 때문에 상황의 실체를 제대로 보지 못했던 것이다. 이처럼 우리가 이미 가지고 있는 생각이나 개념, 혹은 신념이 현실을 있는 그대로 보지 못하게 하는 상황 속에서 우리는 얼마나 많은 실상에 눈감고 있는 것일까?

붓다는 언제 돌아가셨습니까? 다른 종교적 지도자가 그의 자리를 대신했습니까?

붓다는 재가 신도가 올린 공양 음식을 먹은 후 식중독일 수 있는 갑작스러운 질병으로 80세경에 사망했지만 그는 후계자를 지명하지는 않았다. 임종 전, 붓다의 사촌이자 제자인 아난다가 "여래가 떠나시면 누가 우리를 가르치나요?"라고 묻자 붓다는 자신의 가르침이 스승이 될 것이라고 조언했다. 오늘날 전 세계 여러 불교 종파의 지도자들이 붓다의 가르침을 계속 전파하고 있다. 불교에 대해 잘 모르더라도 티베트 불교 전통의 달라이 라마(Dalai Lama)로 잘 알려진 텐진 갸초(Tenzin Gyatso) 같은 인물에 대해 들어봤을 것이다. 하지만 중요한 점은 하나의 종파 또는 전통의 지도자가 불교 전체를 대표하는 것은 아니며, 다른 전통의 지도자들과 의견을 달리할 수도 있음을 알아야 할 것이다.

불교는 종교라기보다는 삶의 방식에 가깝다는 말을 들었습니다. 붓다는 삶의 방식을 가르쳤나요, 종교를 가르쳤나요, 아니면 철학을 가르쳤나요?

아마도 가장 좋은 답변은 "그 모두 다"일 것이다. 세계 주요 종교를 검색하면 분명히 그 목록에서 불교를 찾을 수 있지만 불교는 무신론적 전통이라는 점에서 대부분의 종교와 다르다. 즉, 존재의 근원으로서 최고의 창조주 신에 대한 믿음을 표방하지 않는다. 더욱이 불교는 다른 종교가 제기하는 다음과 같은 큰 질문에 관심을 두지 않는다. 신은 존재하는가? 우리가 죽으면 어떻게 되는가? 우주는 유한한가, 아니면 무한한가?

불교의 '독화살 비유' 설법에 보면, 한 승려가 이러한 실존적 질문들에 대해 붓다가 답해 주지 않는 것에 대해 괴로워하며, 만족스러운 답을 얻지 못하면 승가 생활을 포기하겠다고 공표하였다. 붓다는 그를 독화살에 맞아 상처를 입은 사람에 비유하였다. 그는 자신을 쏜 사람이 누구인지, 궁수가 어느 가문에 속해 있는지, 궁수가 어떻게 생겼는지, 화살이 어떤 재료로 만들어졌는지를 알기 전에는 치료를 받아들이지 않으려는 어리석은 사람인 것이다. 붓다는 이르길 "그 사

람은 그 어떤 것도 알지 못한 채 죽을 것이다.”(맛지마 니까야 63)

이 이야기는 불교가 당면한 문제를 실용적인 접근 방식으로 해결하는 방법을 잘 보여준다. 생활 속에서 힘든 일들은 발생하고 우리는 고통을 겪게 되며, 이는 독화살에 맞은 것과 유사하다. 붓다는 관련 없는 세부 사항에 시간과 에너지를 쏟기보다, 그 독화살을 제거하는 것이 지혜로운 선택이라고 가르쳤다. 이러한 실존적 질문에 답하려고 하기보다는 내면을 들여다보고 스스로에게 “왜 이러한 것들을 알아야 할 필요성을 느끼는가?”라고 묻도록 불교는 권장한다.

우리가 불교를 종교로서만이 아니라 삶의 방식이나 철학으로 편안하게 언급하는 것은 불교가 거창하고 알 수 없는 초자연적인 질문들에 대한 관심이 적기 때문일 수 있다. 불교는 어떤 교조적인 믿음에도 의존하지 않는 수행 체제이며 동시에 평온함과 만족 추구를 위해 우리가 유일하게 가질 수 있는 현재 순간을 최대한 활용하며 살아가는 삶의 방식인 것이다. 붓다는 제자들에게 자신의 삶 속에서 그의 가르침을 직접 점검해 보라고 격려했다. 이 책의 나머지 부분을 읽으면서 이러한 가르침을 검토하고 실천해 보며, 자신에게 해당되는지 스스로 판단해 보길 바란다.

모든 불교도가 사용하는 하나의 불교 경전이나 기타 권위 있는 교재가 있습니까?

결론부터 말한다면 '없다'이다. 불교의 여러 종파는 서로 다른 경전과 법문을 가르침의 원천으로 사용하며, 한 종파에서 공경 받는 경전이 다른 종파에서는 전혀 알려지지 않을 수 있다. 예를 들어, 불교 경전의 가장 오래된 모음집인 팔리삼장(三藏, Tipitaka, 영어로 Pali Canon)은 상좌부(上座部, Theravada, 테라와다)불교의 대표 경전이다. 티피타카(Tipitaka)는 '세 바구니'를 뜻하는 팔리어이며, 이 경전은 경장經藏, 율장律藏, 논장論藏의 세 범주로 나뉜다. 율장律藏은 비나야피타카(Vinaya Pitaka: 구도자에 대한 규율·규칙을 포함하는 "계율 바구니"), 경장經藏은 수따피타카(Sutta Pitaka: 붓다의 설법과 법문을 담고 있는 "가르침 바구니"), 논장論藏은 아비담마피타카(Abhidhamma Pitaka: 마음에 관한 불교 교리를 담고 있는 "논서 바구니")이다. 율장과 경장은 다른 초기 불교 학파들의 경전들과 매우 유사한 가르침을 포함하는 반면 논장은 다른 학파에서 인정하는 경전과는 공통점이 많지 않은 상좌부 경전 모음집이다.

다른 불교 종파에서는 다른 경전들이 사용된다. 선불교를 포함한 대승불교에서 가장 잘 알려진 경전은 반야심경, 법화경, 그리고 금강경이다. 또 다른 대중적인 불교 경전은 부처님의 말씀을 모은 담마빠다(Dhammapada, 법구경)이다.

불교 경전은 다른 종교 전통의 경전과는 성격이 동등하지 않다는 점을 아는 것이 중요하다. 불교 경전들은 신에 의해 기록되거나 계시된 것이 아니다. 불교 경전은 우리를 깨달음의 길로 안내하기 위한 것이지 특정 신념체제를 우리에게 주입시키려는 것이 아니다. 불교에서의 가르침은 우리가 몸소 실천하며 행하는 것이지 믿기만 해서 해결되는 것이 아닌 것이다. 불교의 가르침은 믿어야 하는 것이 아니라 우리가 몸소 실천하며 행하는 것이다.

불교의 다양한 "종파"를 언급하셨습니다. 불교의 주요 유형은 무엇인가요?

붓다의 가르침은 인도와 네팔을 넘어 아시아의 이웃 국가들에 이르기까지 2,500년 동안 계속 전파되어 왔다. 그동안 불교는 여러 부파나 종파로 나뉘었고 각각 고유한 수행법, 의식 및 경전이 있다. 모든 부파가 동일한 기본 가르침에 기초하고 있음에도 몇 가지 차이점을 보인다.

불교의 두 가지 주요 갈래는 상좌부(Theravada)불교와 대승(Mahayana)불교이다. 대승불교에는 선불교, 티베트불교, 정토불교 등 들어봤을 만한 여러 전통들이 포함되어 있다. 또한 대승불교의 연장선상에 있는 금강승불교(Vajrayana, 밀교)도 있는데, 이는 불교의 뚜렷한 제3의 분파로 언급되기도 한다.

상좌부불교는 스리랑카, 태국, 캄보디아, 미얀마, 라오스의 주요 불교 형태인 반면, 대승불교는 중국, 일본, 대만, 네팔, 몽골, 한국, 베트남에서 지배적이다. 밀교는 티베트에서 주로 행해지는 불교 형태이며 달라이 라마(Dalai Lama)가 수행하고 가르치는 방식이다. 오늘날 존재하는 다양한 형태의 불교 중에서 상좌부불교가 가장 오래되었지만 대승불교에 가장 많은 수행자가 있다. 선불교, 티베트불교, 정토진종, 니치렌종(일련종) 등 많은 불교 종파가 겉으로는 상당히 다르게 보일 수 있지만, 모든 불교 형태는 공통된 기본 토대 위에 세워져 있으며, 많은 핵심 개념과 가르침을 공유하고 있다.

관념의 진화

어린 시절, 나는 멕시코에서 몇 년을 살았는데 집에서는 영어와 스페인어를 모두 사용했었다. 그때 내가 걱정했던 것 중 하나는 내 억양이었다. TV에서 들리는 미국식 억양은 내가 텍사스에서 자라면서 들었던 것과 달랐고, 멕시코시티 사람들은 나와 다른 억양으로 스페인어를 말했다. 그래서 내가 '옳은' 억양을 가지고 있는지 확인하고 싶어 했었다. 마찬가지로, 내가 불교를 처음 공부하기 시작했을 때는, '옳은' 형태를 공부하고 싶었다. 그게 상좌부불교였을까? 선불교였을까? 아니면 전혀 다른 무엇이었을까?

하지만 관념도 언어와 마찬가지로 시간이 지남에 따라 변한다. 미국 지역마다 미국식 억양이 다르고, 멕시코에서 사용되는 스페인어는 다른 남미 국가나 스페인에서 사용되는 스페인어와도 다르다. 마찬가지로 불교도 다양한 문화와 시대에 맞게 진화해 왔다. 영어나 스페인어를 말할 때 옳고 그른 억양이 없는 것처럼 수행에 있어서도 옳고 그른 불교 형태는 없는 것이다. 붓다는 모든 가르침 중에서 최고의 가르침이 무상無常의 가르침이라고 했다. 끊임없이 변화하는 세상에서 불교가 어떻게 변하지 않을 수 있는가? 우리는 다양한 불교 전통을 통해 배울 수 있는 것들이 있으며, 어떤 가르침이 자신에게 진정으로 와 닿고, 자신의 성격이나 학습 스타일에 맞는지를 찾아볼 수 있을 것이다. 그리고 우리가 변하면 우리의 수행도 달라질 수 있다.

상좌부불교, 대승불교 및 금강승불교의 주요 차이점은 무엇인가요?

특정한 전통 내의 모든 종파에 적용될 수 있는 일반화된 주장을 하기는 어렵지만, 일반적으로 불교의 두 주요 전통은 수행의 궁극적인 목표에 있어서 주된 차이를 보인다. 상좌부불교에서는 붓다의 길을 따라 깨달음을 얻는 수행자, 즉 아라한(阿羅漢, arhat)이 되는 것이 목표이다. 대승불교에서 수행의 목표는 보살(菩薩, bodhisattva)이 되는 것인데, 보살은 자신뿐만 아니라 다른 모든 존재의 깨달음을 이루기 위해 서원을 세운 존재이다. 이 접근 방식의 차이는 대승불교의 연기緣起, 상의상관성相依相關性, 상호의존성相互依存性 관점에서 비롯하는데, 이 관점에서는 한 존재가 완전한 깨달음을 얻으려면 모든 존재가 깨달음을 얻어야 한다는 것이다. 대승불교의 한 갈래인 금강승불교(밀교)도 보살 서원에 초점을 맞추고 있으며, 다양한 방식의 집중 명상 수련을 추가하여 수행자가 내면의 깨어 있는 불성佛性을 직접 체험할 수 있도록 돕는다. (불성의 개념은 2부에서 더 논의할 것이다.)

또 다른 중요한 차이점은, 상좌부불교는 주로 수도처 중심의 수행 전통을 지니며, 이것은 대부분의 수행자들이 세속적 삶을 포기하고 출가 승려가 되기로 서약했다는 것을 의미한다. 재가 신도들은 승가 공동체를 지원하지만, 깨달음으로 가는 길이 승려들과 같지만은 않다. 반면, 대승불교에서는 출가를 원하지 않는 재가 신도들을 위한 다양한 신행이 존재한다. 예를 들어, 선종 법사는 결혼을 하고 세속적인 직업을 가지면서도 동시에 종교적 수행에 시간을 할애할 수 있다.

다양한 전통은 또한 그들의 가르침을 위해 서로 다른 경전에 의존하기도 한다. 상좌부불교는 팔리어 경전(Pali Canon)을 전적으로 따르는 반면, 대승불교는 티베트와 중국 불교 경전을 기반으로 한다. 티베트와 중국 경전은 초기 팔리어 경전과 관련된 일부 내용을 포함하고 있지만, 또한 상좌부불교에서 정통으로 여기지 않는 순수 대승 경전도 몇 개 포함되어 있다. 각 경전이 서로 다른 언어로 되어 있기 때문에 경이나 법을 나타낼 때 상좌부불교는 수따(sutta, 경)와 담마(dhamma, 법)와 같은 일반적 용어의 팔리어를 사용하는 반면, 대승불교는 산스크리트어 버전인 수트라(sutra, 경)와 다르마(dharma, 법)를 사용한다.

또한 선(禪, zen)불교처럼 명상을 수행의 핵심으로 강조하는 전통이 있는 반면, 진언을 외우는 것으로 명상을 강화하는 수행법도 있으며, 명상을 전혀 중요하게 여기지 않는 수행 전통도 있다.

사람들이 불교를 이야기할 때 선禪이라는 단어를 많이 사용하는 것을 듣습니다. 선이란 무엇인가요?

선불교는 기원 후 6세기경 중국에서 시작된 대승불교의 한 형태로, 이후 일본을 비롯한 여러 나라로 퍼져 나갔다. 선불교는 명상, 특히 '좌선'(坐禪, zazen)이라고 불리는 앉아서 하는 명상에 중점을 두는 것이 특징이다. 서양에서 불교를 대중화한 많은 스승들이 선불교 출신이어서, 일부 서양인들은 선(禪, zen)을 불교와 동일시하거나 '차분한', '편안한', 또는 '현재에 머무르는 것'이라는 의미로 사용하기도 한다.

불교는 어떻게 서양에 전래되었나요?

불교는 1800년대 중반 중국 이민자들과 아시아를 방문한 미국인과 유럽인이 불교 경전과 사상을 가지고 돌아가면서 미국에 도입되기 시작했다. 불교 개념들은 월트 휘트먼(Walt Whitman), 헨리 데이비드 소로우(Henry David Thoreau), 랄프 왈도 에머슨(Ralph Waldo Emerson)과 같은 작가들의 문학 작품에서도 나타나기 시작했다. 1800년대 후반에는 정토불교와 선불교를 포함한 여러 형태의 일본불교가 미국에 자리 잡기 시작했고, 1950년대와 60년대에는 로스앤젤레스와 샌프란시스코에 명상센터가 설립되었다. 조셉 골드스타인(Joseph Goldstein), 잭 콘필드(Jack Kornfield), 샤론 살츠버그(Sharon Salzberg), 존 카밧진(Jon Kabat-Zinn) 등과 같은 영적 탐구자들은 불교와 동양 철학에 관심을 갖게 되었고, 건강관리 및 스트레스 감소를 위한 도구로 명상을 사용하는 새로운 방법을 개척하기 시작했다.

최근에는 레너드 코헨(Leonard Cohen), 리처드 기어(Richard Gere), 허비 핸콕(Herbie Hancock), 필 잭슨(Phil Jackson), 티나 터너(Tina Turner)와 같은 유명 인사와 예술가들이 불교가 그들의 삶과 작품에 미친 영향을 공개적으로 공

유하면서 불교의 인기가 높아졌다. 오늘날 서양에서 불교는
더 이상 소수만의 종교가 아니다. 미국과 유럽에는 불교 가
정에서 자란 사람들, 불교로 개종한 사람들, 또는 삶의 철학
으로 불교를 실천하는 사람들이 상당히 많다.

2부
핵심 개념

이 장에서는 고통, 무상, 깨달음과 같은 불교 사상과 가르침 전반에 걸쳐 나타나는 핵심 개념에 대해 배우게 된다. 불교의 핵심 사상을 이해하면 이를 어떻게 잘 활용하여 모두에게 자비를 베풀며 평온하게 살 수 있을지에 대한 더 깊은 통찰을 얻게 될 것이다. 이러한 기본 개념들을 이해하는 것은 이 책을 통해 불교를 탐구하는 과정뿐만 아니라 그 이후에도 도움이 될 것이다.

붓다는 깨달음을 얻은 후 위대한 스승이 되었습니다. 그런데 깨달음이란 무엇인가요? 누구나 깨달음을 얻을 수 있나요?

깨달음은 모든 불교의 가르침과 수행의 궁극적인 목표이다. 붓다는 누구든지, 즉 우리도 깨달음을 얻을 수 있다고 가르쳤다. 불교의 가르침과 수행은 우리 같은 평범한 사람들이 그 목표를 향해 나아가는 데 도움이 된다. 깨달음에 대한 불교의 개념은 지식 습득에 의한 것이 아니라 체험으로 얻어지는 것이다. 마치 부모가 되는 것과 비슷하다. 내가 시간을 거슬러 올라가 어린 시절의 나에게 아빠가 되는 기분을 설명하려고 해도 그 어떤 말로도 제대로 전달되지는 못할 것이다. 실제로 아빠가 되기 전까지는 아빠가 된다는 것이 어떤 기분일지 상상할 수 없는 것이다. 마찬가지로 깨달음을 얻지 않고는 깨달음이 어떤 것인지 진정으로 알 수 없다. 그렇지만, 깨달음을 설명하는 몇 가지 방법은 있어서, 깨달음이 어떤 것인지 방향을 알려주고 있다. 붓다는 "큰 바다가 하나의 맛, 즉 짠 맛을 가지고 있듯이 이 가르침과 수행도 하나의 맛, 즉 해탈의 맛을 가진다."라고 말했다(우다나 5.5). 깨달음이란 우리의 습관적인 반응으로부터 해방되어, 현실을 다르게 바라지 않고 있는 그대로 볼 수 있도록 인식과 관념에서 벗어나는 것이다.

더 나아가 깨달음이란 깨달음을 얻고자 하는 욕구로부터의 자유라고도 말할 수 있다. 우리가 깨달음에 대해 가지고 있는 모든 개념은 실제로 깨달음을 경험하는 데 방해가 될 수 있다. 다시 말해, 깨달음은 얻거나 찾는 것이 아니라 재발견하는 것이다. 그것은 항상 우리 안에 존재해 왔던 상태이지만, 꾸며낸 이야기와 잘못된 관념으로 가려져 있다. 불교는 깨달음이 우리의 본래 성품이라고 가르친다. 그것은 우리가 되고자 하는 것이 아니라, 이미 우리가 가지고 있는 것이다. 우리는 단지 그것을 깨달아야 한다.

깨어남이란 무엇인가요? 깨달음과 다른가요?

일부 불교도를 포함한 어떤 사람들은 두 단어를 본질적으로 같은 의미로 사용하지만, 나는 이 두 개념에 차이가 있다고 생각한다. 나는 깨달음이란 현실을 있는 그대로 경험하고 이해하는 것으로, 우리의 인식을 흐리게 하는 개념, 관념, 신념의 영향을 받지 않는 상태로 이해한다. 반면, 깨어남은 이러한 새로운 삶의 시각이 드러나기 시작하는 과정을 의미하는 것이다. 그래서 나는 깨어남을 여러 단계와 경지가 있는 것으로 보며, 마지막에 오는 급격한 관점의 전환이 깨달음의 순간이라고 생각한다.

이러한 생각은 '문 없는 문을 통해서만 이 깨어 있는 상태에 들어갈 수 있다'는 유명한 공안(公案, koan, 선불교에서 참구하는 화두)에 잘 나타나 있다. 문이 있다고 생각하는 한 깨어 있는 상태에 들어갈 수 없다는, 겉보기에는 간단하지만 꽤 심오한 가르침이다. 문이 없다는 것을 깨닫고 들어가게 되나 이미 깨어난 상태에 있었던 것이다. 거기에 도착하는 것은 '거기'라는 장소가 없다는 것을 깨닫는 것이다. 단지 이것을 알지 못하게 방해하는 것은 애초에 문 밖에 있었다는 잘못된 믿음이다. 어떤 의미에서는 깨어날 필요가 없다는 것을 알아

차리는 순간, 즉 알아야 할 모든 것이 이미 내 안에 존재한다
는 것을 알게 되는 순간에 깨어나게 되는 것이다.

불교는 선과 악에 대해 무엇을 가르치나요?

불교의 관점에서 선과 악은 우주에 존재하는 고유한 힘이 아니라 내면의 마음 상태이다. 불교는 우리에게 내면을 들여다보라고 가르친다. 우리의 마음은 우리가 말하고 생각하고 행하는 모든 선한 것들의 근원이자 모든 악의 근원이기도 하다. 이러한 이해는 우리 자신의 생각, 말, 행동에 대한 더 큰 책임감을 부여할 것이다.

불교는 악을 우리에게 작용하는 외부적 요인으로 생각하지 않는다. 그보다는 탐욕, 증오, 무지가 우리가 일반적으로 "악"이라고 생각하는 것의 근원이라고 가르친다. 불교에서 이 세 가지 특성은 "삼독三毒" 또는 "삼화三火"라고 불린다. 이 삼독이 우리 삶에서 일으키는 영향은, 우리가 행복을 추구하거나 고통을 피하려고 할 때 밖으로 눈을 돌리게 만든다는 점이다. 돈, 명예, 권력과 같은 외부적 요인들은 우리에게 지속적인 즐거움이나 만족을 가져다줄 수 없기 때문에, 우리는 그것들을 좇으며 불필요한 고통을 경험하게 된다. 물질적인 것들은 잠시 동안은 가지고 있으면 좋을 수 있지만 우리가 추구하는 행복과 성취는 외부에서 찾을 수 있는 것이 아니다.

불교에서 무지를 독이라고 여기는 이유는 무엇인가요? 무지하다는 것은 무엇이 잘못된 건가요?

불교에서는 무지를 독이라고 부르는데, 이것은 현실의 본질을 제대로 이해하지 못하는 것을 가리킨다. 예를 들어, 우리가 어떤 것을 영원하고 다른 것과 분리된 독립적 존재로 인식한다면, 이러한 잘못된 인식은 모든 것이 진실로 무상無常하고 연기적緣起的이고 상의상관적相依相關的이며 상호의존적相互依存的이라는 본모습을 가리게 된다. 이런 착각이 우리의 고통을 부채질하는 것이다.

　무지의 가장 위험한 형태는 다른 사람이나 세상과 독립적으로 존재한다고 믿는 영원한 자아에 대한 신념이다. 이러한 잘못된, 또는 무지한 자아의식에 집착하고 그것을 보호하고자 하는 욕구는 탐욕과 증오를 일으킨다. 무지는 사물을 있는 그대로 보지 못하게 하여 깨달음의 길을 가로막기 때문에 독이 된다. 무지에 대한 해독제는 현실과 자아의 본질을 꿰뚫어 보는 지혜인 것이다.

연꽃잎에 물방울이
묻지 않듯이
연꽃 위의 물방울이
더럽혀지지 않듯이
성인은
보고, 듣고, 인식한
어떤 것에도
더럽혀지지 않는다.

붓다,
숫타니파타

탐욕이 독으로 여겨지는 이유는 무엇인가요? 좋은 음식이나 멋진 자동차 같은 것을 바라는 것이 잘못된 건가요?

탐욕은 어떤 대가를 치르더라도 가능한 한 원하는 것을 더 많이 얻고자 할 때 경험하는 마음 상태이다. 탐욕이 삼독 중 하나로 여겨지는 이유는 그것이 우리의 마음에 미치는 영향 때문이다. 우리는 종종 돈, 명예, 권력 등 원하는 것을 얻기만 하면 마침내 우리가 추구하는 행복을 얻을 수 있고 더 이상 고통을 겪지 않을 것이라는 잘못된 생각을 믿는다. 하지만 탐욕은 단지 물질적인 것에만 국한된 것이 아니다. 또한 우리는 관심이나 애정을 얻으려고 다른 사람을 바꾸려 하기도 한다. 그렇게 타인을 바꾸고 나면 비로소 영원한 행복을 찾을 수 있을 거라고 착각하는 것이다.

탐욕이라는 독을 다루는 숙련된 방법은 그것을 이해하려고 노력하는 것이다. 그 과정은 우리가 욕망하는 것을 들여다보고 스스로에게 "왜?"라고 묻는 것으로 시작된다. 왜 내가 이 물건이나 저 사람을 그토록 원하는 걸까? 왜 이런저런 성취를 꼭 해야 한다고 느끼는 걸까? 욕망이라는 감정 자체가 근본적으로 잘못된 것은 아니다. 다만 문제는 우리가 욕망에 눈이 멀어버릴 수 있다는 것이며, 특히 우리의 그런 감정들 이면에 있는 의도나 원인에 대한 충분한 이해가 없을 때 더욱 그러하다. 욕망을 이해하려는 노력없이 그저 맹목적으로 따르는 것은 파괴적인 행동과 정신적 혼란으로 이어질 수 있으며, 이것이 바로 탐욕이 독으로 간주되는 이유이다.

증오가 독으로 간주되는 이유는 무엇인가요? 증오를 느끼는 것이 잘못된 건가요?

증오란, 우리가 원하는 것을 얻는 데 방해가 되거나 우리에게 어떤 위협이 된다고 여겨지는 대상에게 해를 끼치고 싶을 때 느끼는 감정이다. 불교에서는 증오가 우리의 모든 시간과 에너지를 너무도 쉽게 소비할 수 있기 때문에 독이라고 가르친다. 증오는 쉽게 우리에게서 제거될 수 있는 것이 아니며, 증오의 굴레에서 벗어나기 위해서는 우리에게 일어나는 일들에 대한 인식을 다르게 하는 연습을 해야 한다.

불교에서는 증오를 내려놓는 것을 도덕의 문제로 보지 않는다. 증오가 가지는 문제점은 그것이 도덕적으로 옳은가 그른가가 아니라는 것이다. 증오에 집착하는 것이 우리 자신과 타인에게 불필요한 고통을 주기 때문에 현명하지 못한 행동이라는 것이다. 심리적인 측면에서 볼 때, 증오는 받는 사람보다 행하는 사람의 정서적 안녕에 더 큰 영향을 미친다. 증오를 느끼는 것이 잘못된 것은 아니며, 사실 때에 따라 이러한 감정을 느끼는 것은 자연스러운 일이다. 하지만 우리가 왜 그런 감정을 느끼는지 이해하려고 노력하는 것이 지혜로운 것이다. 증오 이면에 어떤 다른 감정이 숨겨져 있을 수 있는가? 슬픔, 외로움, 또는 연약함 같은 감정이 증오를 일으키는 원인이 될 수 있는가? 불교는 우리가 느끼는 고통스러운 진실을 회피하기보다는, 증오를 비롯한 경험하는 모든 감정들의 실체를 그대로 받아들이도록 권한다. 그것은 우리가 이롭지 않은 충동에 따라 행동하기보다 내면 성찰을 통해 증오를 일으키는 원인과 조건을 파악하려고 노력하라는 것이다.

알아차림 순간 만들기

알아차림의 순간이란 무엇이며, 어떻게 그것을 만들어낼 수 있을까? 내 경험을 하나 예로 들어 설명해 보려 한다. 나는 가끔 학생들의 통학 버스 대리 운전기사로 일한다. 고등학생들을 등교시킨 후 초등학생들을 태우러 가기 전까지 약 15분 정도의 여유 시간이 있는데, 나는 이 시간을 보통 명상 연습에 활용한다.

하루는, 그 시간에 나는 두 가지 질문으로 시작했다: "나는 어디에 있는가?" 그리고 "무엇을 하고 있는가?" 이 질문들은 간단하게 들릴 수 있지만, 실제로 그것에 집중하는 것은 다소 까다로울 수 있다. 우리는 어디에 있든지, 무슨 일을 하든지, 늘 다른 곳이나 다른 일을 생각하는 경향이 있는 것 같다. 하지만 이 두 질문은 내가 있는 곳에 대해 깊이 생각하게 하여, 나를 현재에 머무르게 도와준다.

그때 나는 통학 버스에 앉아 있었다. 내가 있을 수 있는 다른 장소가 많이 있었지만, 그 순간 나는 바로 그곳에 있었다. 현재에 집중하게 된 후, 나는 세 번째 질문을 던졌다: "이 순간이 있기까지 무엇이 필요했을까?" 내 마음속에서 나는 이 순간이 지금처럼 존재할 수 있도록 해준 사람들과 과정들을 탐구하기 시작했다. 나는 학교와 다른 버스 기사들과 소통하기 위해 사용하는 무전기를 바라보았고, 버스 거울을 보며 그것을 만드는 데 필요한 재료와 노동에 대해 생각했다. 버스 천장에 있는 리벳과 다양한 패널과 버튼들을 보면서, 이 모든 것이 어떻게 연결되어 있는지 생각했다. 이 과정은 계속 이어졌고, 순간들을 넘어 확장되었다. 내가 학생들을 태우러 나가기 직전에, 마을에서 일어나고 있는 모든 것에 대해 생각하기 시작했다. 아이들은 알람시계나 스마트폰으로 잠에서 깨고 있었다. 부모들은 커피를 마시고 있었는데, 그 커피는 어디서 왔을까? 나는 커피 농부들과 그들의 작물에 대해 생각하고 있었고, 갑자기 이렇게 오랜 시간 동안 진행되어 온 복잡한 과정들이 이제 한 아이의 집에 차를 세우고 버스 문을 열어 그 아이가 올라타게 되는 순간으로 이어질 것이라는 것을 깨달았다.

나는 이러한 순간들을 알아차림의 순간으로 생각한다. 불교적 관점에서 이러한 순간들은 우리가 보통 우리의 머릿속에서 떠도는 이야기와 잡음에서 벗어나 현실과 접촉하게 해준다. 뿐만 아니라, 알아차림의 순간은 엄청난 감사와 경외심을 불러일으키며, 언제 어디서든 경험할 수 있다. "나는 어디에 있지? 내가 무엇을 하고 있는 거지? 이 순간이 오기까

지 무엇이 필요했지?"라고 스스로에게 물어보며 직접 경험

해 보자.

어떤 종교에서는 사람들이 선천적으로 악하며 특정 신념이나 관습을 따름으로써 악함을 극복해야 한다고 가르칩니다. 불교의 관점에서 볼 때 사람은 본래 선한가요, 악한가요?

불교적 관점에서 보면, 사람들은 본질적으로 선하거나 악한 존재가 아니며, 모두가 내면의 친절과 자비심인 불성佛性과 연결될 수 있는 잠재력을 지닌 존재이다. 여기서의 핵심은 우리가 사회적 존재로서 서로에게 친절하고 사랑스럽게 대하도록 타고난 존재라는 것이다. 우리는 태어나는 순간부터 부모나 보호자와 같은 타인의 친절과 연민에 전적으로 의존하며 살아간다. 하지만 시간이 지나면서 우리의 마음은 가족과 사회로부터 습득한 믿음과 개념들에 의해 형성되어진다. 우리는 자아와 타인, 우리와 그들, 옳음과 그름, 선함과 악함 같은 개념을 배우게 되며, 이러한 개념은 우리 자신과 세상을 나누어 인식하게 만든다. 이러한 이분법적 개념은 우리의 불성, 즉 본래의 친절, 자비, 타인 및 세상과의 상호 연결성을 덮어 버릴 수 있다.

태국의 한 사원에 얽힌 이야기가 있다. 그곳 승려들은 침략군으로부터 황금 불상을 지키기 위해 그것을 진흙으로 덧

입혔다고 한다. 그러나 승려들은 침략과정에서 모두 목숨을 잃었다. 오랜 세월이 흘러 새로운 승려들이 그 사원에 들어오게 되었지만 황금 불상은 여전히 진흙 속에 숨겨져 있었다. 어느 날, 승려들이 이 낡은 진흙 불상을 다른 곳으로 옮기기로 했다. 그런데 불상을 옮기던 중 진흙 일부가 떨어져 나갔고, 그 안에서 눈부신 황금 불상이 모습을 드러냈다.

이 이야기는 불교가 우리 모두가 지닌 본래의 성품인 알아차림, 친절, 자비를 어떻게 바라보는지를 상징하고 있다. 우리 자신과 타인의 내재된 성품을 보려면 사물의 본질을 덮고 있는 모든 생각, 견해, 신념의 진흙을 벗겨내야 하는 것이다.

불교의 관점에서 진리란 무엇인가요? 이 세계관에서 절대적으로 사실이거나 절대적으로 거짓인 것이 있나요?

불교의 가르침에 따르면 진리에는 두 종류가 있다. 하나는 우리가 믿든 믿지 않든 상관없이 그 자체로 진리인 것이고, 다른 하나는 우리가 그렇다고 믿기 때문에 비로소 진리가 되는 것이다. 예를 들어, 공기 중에 충분한 습기가 있을 때 외부 온도가 0℃ 아래로 떨어지게 되면 비 대신 눈이 내린다. 이것은 우리가 믿든 믿지 않든 진리이다. 반면에 금이 은보다 더 가치가 있다는 것은 우리가 집단적으로 그렇게 믿기 때문에 진리가 된 것이다. 만일 지구상에 인간이 없다면 금과 은이 가지는 내재된 가치는 없을 것이다. 왜냐하면 이것은 개념적 진리이기 때문이다.

우리는 개념적 진리로 가득 찬 세상에 살고 있지만 그것을 인지하지 못한 채 살아가기 쉽다. 복잡한 사회, 정치, 금융, 종교 시스템은 모두 서로 합의된 믿음에 의존하고 있는 것이다.

종이나 금속 조각에 실제 가치가 있다고 집단적으로 믿지 않는다면 우리는 지폐나 동전으로 빵이나 우유와 같은 상품과 교환할 수 없을 것이다. 하지만 만 원짜리 종이돈이 가치를 가진다는 진리는 0℃에 눈이 내린다는 진리와는 다른 종류임을 알아야 한다.

진리에 대한 이러한 불교의 이해는 '맹인 코끼리 만지기' 비유에서 잘 드러나 있다. 이들은 코끼리를 만져보고 그들의 감각에 따라 코끼리를 묘사하고 있다. 한 사람은 꼬리를 만져보고 밧줄을 만지고 있다고 생각하고, 다른 사람은 긴 코를 만져보고 뱀이라고 결론을 내린다. 또 다른 이들은 코끼리의 다리를 만져서 나무 기둥이라고 하고, 귀를 만져서 부채라고 하며, 몸을 만져서 벽이라고 하고, 상아를 만져서 창이라고 설명한다. 각자는 자신이 느낀 것이 정확하다고 확신하지만, 다른 이들의 묘사 또한 옳다는 사실, 그리고 동시에 모두가 불완전 하다는 사실을 깨닫지 못한다. 왜냐하면 각 설명이 코끼리의 한 부분만을 고려하고 있기 때문이다. 불교는 우리가 각기 다른 관점에서 진리를 보고 있으며, 그래서 그 여섯 맹인들처럼 모든 관점을 동시에 볼 수 없다고 가르친다. 우리는 시간과 공간에 얽매여 지금 여기에서 한정된 시각만을 가지고 있는 것이다.

하지만 불교에는 시공간에 얽매이거나 사회적 합의로 구성되는 것이 아닌, 절대적이고 보편적 진리 또한 존재한다. 붓다는 존재의 세가지 특징, 즉 삼법인三法印으로 알려진 삶의 세가지 보편적 속성이 있다고 가르쳤다. 그것은 고통(苦,

dukkha, 괴로움), 무상(無常, anicca, 영원하지 않음), 무아(無我, anatta, 나라는 실체가 없음)이며, 이 세 가지 개념이 불교 진리의 핵심을 이룬다.

불교에서 모든 것이 무상하다고 말할 때, 이것은 무엇을 의미하나요?

붓다는 고, 무아와 함께 무상(無常, anicca)이 삶의 세 가지 존재 특징 중 하나라고 가르쳤다. 현실의 본질은 모든 것이 끊임없이 변화하고 있으며, 따라서 모든 것은 무상하다는 것이다. 직업, 대인관계, 좋은 시절, 나쁜 시절, 우리의 생각과 감정, 사랑하는 사람, 우리 자신, 말 그대로 우리가 알고 있거나 인식하는 모든 것은 결국 사라지게 될 것이다. 문제는 우리가 이 사실을 알면서도, 모든 것이 영원하기를 바라는 마음에 마치 영원할 것처럼 계속 집착한다는 것이다. 도시의 거리와 건물, 나무와 호수 등 우리 주변의 세상을 바라 볼 때, 우리는 그것이 견고하고 고정되어 있다고 인식한다. 우리는 언젠가 그 나무들이 죽고 그 건물들이 무너질 것이라는 것을 머리로는 알고 있지만 여전히 그것들을 영구적인 것으로 인식한다.

불교는 두 가지 유형으로 무상을 가르치는데, 거시적인 것과 미시적인 것이다. 거시적인 무상은 큰 규모로 일어나며. 물질은 부식하고, 사람들은 죽으며, 제국은 흥망성쇠하고, 사회적 규범은 변하고 진화하는 것이다. 이것은 우리 주변에서 흔히 볼 수 있는 무상이다. 구름처럼 모든 것은 생겨나고 잠시 머물다가 사라진다. 한편 미시적 무상함은 작은 규모의 순간순간 변화이다. 이 순간에도, 몸 안의 세포가 죽고 재생되면서 신체적으로 변화를 겪고 있다. 우리는 매순간 똑같은 사람이 아닌 것이다. 우리 자신을 고정된 반영구적 개체로 보는 대신, 일시적이고 순간적인 경험의 집합체로서 있는 그대로 볼 수 있다.

무상의 본질을 이해하기 시작하면 결과와 기대에 집착하는 경향이 줄어들기 시작할 것이다. 그렇다고 해서 직장이나 사랑하는 사람을 잃는 것이 갑자기 쉽게 받아들여진다는 뜻은 아니다. 단지 상실은 우리가 맞서 싸워야 할 대상이 아니라 삶의 자연스러운 과정이라는 것을 알게 되면 상실의 고통이 좀 더 원활하게 지나갈 수 있다는 의미일 뿐이다. 모든 것이 무상하다는 것을 이해하면, 우리는 비로소 스쳐 지나가는 모든 순간에서 의미와 기쁨을 찾기 시작할 것이다.

불교에서는 삶이 고, 괴로움이라 생각한다고 들었습니다. 이것은 불교도들이 삶이 모두 나쁘다고 생각한다는 의미인가요? '괴로움'이라는 단어는 무엇을 의미하나요?

불교에서는 괴로움이 삶에 있어서 가장 본질적인 부분이라고 믿으며, 그래서 고苦는 존재의 세 가지 특징 중 하나로 분류된다. 하지만 그렇다고 해서 불교가 삶이 전적으로 나쁘다고 믿는다는 의미는 아니다. "괴로움"을 뜻하는 팔리어 단어인 두카(dukkha)는 "불만족"과 "고뇌"로 번역되기도 한다. 하나의 뜻으로 번역하기 어려운 개념이지만, 불교 철학의 많은 부분이 이 개념을 중심으로 구성되어 있으므로 이를 이해하는 것이 중요하다.

불교에서는 삼고三苦, 세 가지 유형의 괴로움이 있다고 가르친다. 첫 번째는 고고苦苦이며 "고통의 괴로움"이다. 이것은 우리가 일상적으로 경험하는 자연적인 형태의 괴로움으로, 통증이 적합한 단어일 듯하다. 발가락을 찧거나, 장염으로 밤을 새우거나, 나이가 들면서 몸이 쑤시기 시작할 때 우리가 경험하는 고통이다.

두 번째 유형의 괴로움은 괴고壞苦이며 "상실의 괴로움"이라 한다. 예를 들어 직장, 사랑하는 사람, 젊음과 활력을 잃었을 때 경험하는 것이다. 이러한 형태의 고통 또한 자연적인 것이며 첫 번째 유형의 고통과 마찬가지로 특정 상황과 연관되어 있는 경우가 많다.

고통의 세 번째 유형은 행고行苦로, "형성의 고통"이라고 하며 불교가 가장 중시하는 고통이다. 앞의 두 유형과 달리, 형성의 고통은 스스로에게 가하는 것이며 일반적으로 현실에 대한 무지 또는 망상적인 이해에서 발생한다. 이것은 실제 상황과는 거의 관련이 없으며, 우리가 그러한 상황을 어떻게 인식하고 해석하는가와 관련이 많을 것이다.

신체 이미지에 대한 우리의 신념이 좋은 예가 될 수 있다. 우리 문화에서의 이상적인 몸에 대한 주관적인 관념은 광고, 텔레비전, 영화에 의해 부각되며, 그 결과 사회 전체가 실재로 존재하는 이상적인 몸이나 외모가 있다고 집합적으로 믿기 시작한다. 사실 그러한 이상형은 우리가 단순히 만들어낸 것이다. 그러나 우리 대부분은 이러한 만들어진 이상형의 본질을 인식하지 못하기 때문에, 자신이 이상에 미치지 못한다고 느낄 때 고통을 겪게 된다.

이러한 고통은 상황 자체가 아니라 믿음이나 개념에 기반을 두어 자초한 것이다. 우리가 잘못된 믿음을 갖지 않았다면 이런 고통은 존재하지 않을 것이다. 이러한 형성의 고통은 우리가 깊이 간직하고 있는 견해, 관념, 믿음을 면밀히 들여다봐야 하기에 감지되기는 어렵다. 하지만 그렇게 할 수 있다면 우리는 스스로 자초한 고통의 본질에 대한 통찰과 지혜를 얻을 수 있게 된다. 이것이 고통의 지배에서 벗어나는 첫 번째 단계이다.

불교의 무아 개념은 무엇을 의미하나요? 분명히 나 자신이 여기 앉아서 불교에 대해 읽고 있지 않습니까! 불교는 내가 존재하지 않는다고 생각하나요?

<hr>

고통, 무상과 함께 존재의 세 번째 특징은 아나타(anatta)로, "무아無我" 또는 "비아非我"로 번역된다. 이 가르침은 우리가 존재하지 않는다는 것을 의미하지는 않는다. 오히려 어떤 것에도 고유의 본질은 없기에 우리가 생각하는 존재와는 다르다는 것이다. 즉, 모든 사물은 다른 것들 때문에 그리고 그들과의 관계에서 존재할 뿐, 사물 자체가 영구적이거나 따로 분리된 개체로는 존재하지 않는다. 모든 것은 연기적이고 상의상관적이며 상호의존적인 것이다. 이 개념의 핵심은 우리가 자신을 비롯한 모든 사물들을 개별적인 존재로 보는 경향이 있다는 것이다. 나는 나 자신을 다른 사람과 분리된 존재로 인식하고 다른 사람도 나와 분리된 존재로 여긴다. 아이러니하게도 아주 근본적인 의미로 봤을 때 우리는 우리와는 별개의 사람들, 즉 현재 부모님의 행동으로 인해 존재한다는 것이다. 내가 아무런 노력을 하지 않아도 특정 원인과 조건에 의해 내가 지금 여기에 존재하게 된 것이다. 이것은 모든 사물에 해당된다. 모든 것에는 원인과 조건이 있으며 어떤

것도 혼자서는 존재하지 않는다.

　나는 대학 졸업 후 2년 정도 헬기 비행학교에 다녔다. 그래서 내 경험에 비추어 현장에서의 배움을 확실히 말해 줄 수 있다. 헬기를 조종할 때는 양 손발 모두를 사용해 다양한 버튼, 바, 레버 및 연료 조절판을 작동하면서 헬기의 속도와 고도를 조절해야 한다. 이 장치들은 단순히 고정해 두고 편히 쉴 수 있는 것들이 아니라 비행을 위해 끊임없이 하나하나 모든 것들을 조정해야 한다. 무아에 대한 불교의 가르침은 생명체를 이와 같은 방식으로 바라본다. 우리 또한 마찬가지이다. 고정되고 영원한 나는 존재하지 않으며, 단지 우리는 끊임없이 변화하는 원인과 조건의 조합일 뿐이다. 언제가 더 진정한 나다운 모습일까? 배고플 때, 아니면 막 식사를 마쳤을 때? 혹은, 충분한 수면을 취했을 때, 아니면 지난 야근으로 잠을 제대로 못 잔 상태일 때? 사랑이 넘치는 가정에서 자란 나와, 어린 시절에 트라우마를 겪으며 견뎌낸 나 중, 어느 쪽이 '진정한 나'라고 할 수 있을까?

　무아에 대한 불교의 가르침에 따르면, 영원하거나 고정된 나는 존재하지 않는다. 단지 분리할 수 없고 영원하지 않은, 복잡하게 얽힌 원인과 결과의 그물망만 있을 뿐이다.

어떤 내가 진짜 나인가?

자동차를 볼 때, 우리는 그것을 그저 주변의 모든 것과 분리된 하나의 독립된 물체로 여길지도 모른다. 하지만 실제로 자동차는 그것을 생산하기 위한 모든 부품과 생산 과정에 의존하고 있다. 자동차를 분해하여 모든 부품을 차고 바닥에 펼쳐 놓는다고 해도 그중 어느 하나가 자동차라고 가리킬 수 없다. 자동차는 엔진, 타이어, 백미러 등 어느 한 부분이 아니라 모든 부품의 집합체인 것이다.

이것을 직접 한번 해 보자. 펜과 같은 것이라면 실제로 분해해 볼 수 있고, 자동차와 같은 것은 머리로 분해할 수 있다. 그러면 모든 것들이 어떤 식으로 원인과 조건에 의존하고 있고, 부품들이 하나의 본체를 만들어 내는 게 어떻게 가능한지를 아주 빠르게 알 수 있을 것이다. 이것을 이해하게 되면 세상을 보는 방식에 큰 전환이 일어나게 된다. 우리는 스스로를 지금의 우리를 만드는 모든 것에 의존하는 존재로 인식하게 된다. 우리는 우리 자신을 이루는 모든 요소의 총합인 동시에, 가족과 공동체, 사회의 일부이기도 하다.

"어떤 내가 진짜 나인가?"라고 스스로에게 물어보자. 이 질문은 영원한 나는 존재하지 않음을 상기시키는 데 도움이 된다. 오직 주변의 모든 것에 의해 끊임없이 변화하고 그 변화를 겪는, 순간의 나만이 있을 뿐이다. 지금의 나는 어제의 나도, 5년 전이나 5년 후의 나도 아니다. 이것이 불교에서 말하는 무아에 관한 가르침이다.

“모든 것은
마음에 근거하고,
마음을 근본으로 하며
마음에 의해 만들어진다.”

붓다,
담마빠다

무집착이란 무엇이며 그것이 불교에서 중요한 이유는 무엇입니까? 가족처럼 나에게 중요한 것에 집착하지 않는다는 뜻인가요?

불교에 대해 자주 듣는 오해 중 하나는 우리가 물건, 사람, 기대 등 모든 것에서 분리되어야 한다는 것이다. 하지만 가르침의 본질은 실제로 그런 것이 아니다. 불교에서 가르치는 것은 무집착이라는 개념이며, 이는 단순한 분리와는 다르다. 무집착을 더 명확히 이해하려면 먼저 집착한다는 것에는 집착하는 사람과 집착의 대상이라는 두 가지가 필요하다는 점을 이해해야 한다. 하지만 앞서 배운 것처럼, 집착을 하는 "자아"라는 것은 존재하지 않는다.

불교는 우리가 '다른' 것들, 즉 사람, 관계, 물질적 대상에 집착하는 것은 분리된 자아에 대한 무지한 견해에서 비롯되었다고 가르친다. 다시 말해, 집착은 영원하고 분리된 자아가 있다는 착각 속에서 살아갈 때 경험하는 것이다. 무집착은 우리가 무아의 진리를 깨달을 때 일어나게 된다.

우리가 스스로에 붙이는 이름표들, 예를 들어 직책, 신념 체계, 정치적 견해, 의견 등에 대한 집착을 생각해 보자. 우리는 이러한 개념들에 집착하고 자신과 동일시하며, 그것들이 비난받거나 사라졌을 때 엄청난 고통을 느끼게 된다. 우리는 어떤 생각에 대해 강하게 집착하거나 아니면 그 생각 자체를 완전히 버려야 한다고 생각하는 경향이 있다. 하지만 불교는 이와는 달리 우리의 생각에 무집착할 수 있음을 제안한다. 우리의 이름표나 개념을 완전히 버리지 않고도 그것들에 대한 집착을 느슨하게 할 수 있다는 것이다. 누군가 우리의 신념이나 의견을 비난할 때, 우리는 그것이 우리의 생각을 비판하는 것이지, 우리 자신을 직접 공격하는 것은 아니라는 사실을 깨닫게 된다. 우리가 생각에 집착하지 않을 때, 우리는 더 이상 생각에 종속되지 않고 우리 자신이 그것의 주인이 되는 것이다.

불교에서 말하는 공空이란 무엇을 의미하나요? 삶이 무의미하고 공허하다고 말하는 건가요?

불교에서 공(空, emptiness)에 대한 이해는, 모든 것이 본래 실체가 없고 우리가 의미를 부여할 때 비로소 존재하게 된다는 것이다. 현실은 빈 캔버스와 같아서 화가가 그 빈 공간에 무언가를 그려내기 전까지는 아무것도 없는 상태이다.

언어는 자연적으로 비어 있지만 그럼에도 불구하고 우리가 의미로 가득 차 있다고 경험하는 것의 좋은 예이다. 우리가 아는 모든 말은 단순히 소리의 조합일 뿐이며, 누군가가 특정 소리에 특정 의미를 부여하기 전까지는 아무 의미도 없다. 우리가 내는 소리에 의미를 부여하지 않는다면 그것들은 그저 소리일 뿐이다. 불교의 관점에서 모든 것은 이와 같아서 내재된 의미라는 것은 없다는 것이다. 그것들이 무의미하다는 말을 하려는 것은 아니다. 다만 그 의미는 사물 자체가 아니라 의미를 부여하는 우리에게서 나온다는 것이다. 있는 그대로의 현실과 그것에 대해 우리가 만들어 내는 이야기가 있다는 것이다.

이 개념을 잘 설명해 주는 훌륭한 불교 설화가 있다. 하루는 늙은 농부가 밭에서 일하고 있는데 어디선가 말 한 마리가 나타났다. 그 이웃이 달려와서 "운이 좋군! 난데없이 나타난 말이니 이제 자네 것이군!"라고 말했다. 하지만 농부는 그저 "운이 좋은지 나쁜지는 모를 일 아닌가?"라고만 대답했다.

다음날, 농부의 말이 울타리를 박차고 달아난 것을 알고는 그 이웃이 달려와서 "이제 말이 도망갔다니 운이 안 좋은 걸!" 하고 말하자 농부는 다시 "운이 좋은지 나쁜지는 모를 일 아닌가?"라고만 대답했다.

그날 늦게, 말이 다시 돌아오면서 네 마리의 말과 함께 왔다. 다시 한 번 이웃은 이것을 행운이라고 얘기하자 농부는 여전히 "운이 좋은지 나쁜지는 모를 일 아닌가?"라고만 대답했다.

나중에 농부의 아들이 말을 타다가 말에서 떨어져 다리가 부러지자 그 이웃은 "하나뿐인 아들이 다리가 부러지다니, 운이 나쁘군!"라고 말했다. 하지만 농부는 그저 "운이 좋은지 나쁜지는 모를 일 아닌가?"라고만 대답했다.

다음날 군인들이 젊은이들을 전쟁에 징집하기 위해 마을로 왔지만 다리가 부러진 농부의 아들을 데려갈 수 없었다. 그 이웃이 와서 "운이 좋군. 내 아들은 끌려갔지만 자네 아들은 다리가 부러져…"라고 말하고 잠시 머뭇거리고는 그저 그 농부와 같이 "운이 좋은지 나쁜지는 모를 일 아닌가?"라고 말했다.

　이것이 바로 공(空, emptiness)이다. 삶이 펼쳐지는 것에는 어디에도 갖다 붙일 의미가 없음을 이해하는 것이다. 그것은 긍정적이지도 부정적이지도 않다. 모든 것은 그저 있는 그대로 존재할 뿐이다.

죽음에 대한 불교의 이해는 무엇인가요? 불교에도 사후 세계가 있나요?

1부의 독화살 비유에 관한 설화를 기억한다면, 붓다는 우리가 자주 궁금해하는 실존적 질문에 대해 답하지 않았다는 것을 기억할 것이다. 불교의 관점에서 볼 때 태어남과 죽음은 시작과 끝이 아니며 서로 분리된 것도 아니다. 죽음은 단순히 태어남으로 시작된 한 인생의 정점일 뿐이지만, 삶의 전체 과정은 개인의 태어나고 죽는 것보다 훨씬 이전부터 시작되었으며 앞으로도 계속 될 것이다.

삶은 음악과 매우 비슷하며 우리의 인생은 노래와 같다. 모든 노래에는 시작하는 음과 끝나는 음이 있지만, 한곡이 끝나더라도 음악 자체는 어떤 노래가 연주되든 계속되는 것이다. 그리고 각 노래의 아름다움은, 그 노래의 끝을 알리는 마지막 음을 포함하여 쉴 새 없이 변화하는 음률音律 속에서 발견된다.

죽음은 익숙한 것의 끝을 의미하며, 우리는 종종 우리 삶의 노래에서 끝, 마지막 음 이후에 있을 낯선 음악에 대해 불안해하거나 두려워한다. 하지만 실제로 노래의 끝일 수는 있지만 음악의 끝은 아니기 때문에 죽음을 두려워할 필요가 없다.

무상과 연기, 상의상관성, 상호의존성에 대한 이해는 태어남이 시작이 아니었고 죽음이 끝이 아님을 일깨워줌으로써 죽음에 대한 두려움을 덜어줄 수 있다. 모든 시작에는 끝이 있고, 모든 끝은 새로운 시작을 의미한다. 실제로 시작이나 끝은 없으며 단지 변화만 있을 뿐이다.

따라서 우리는 죽음 이후의 삶에 관심을 기울이기보다는 죽음 이전의 삶, 즉 지금 우리가 살고 있는 삶에 집중하는 것이다. 우리가 죽으면 어떻게 될지 추측하기보다는 현재 순간에 집중하는 것이다.

불교에서는 환생을 믿나요?

불교에서는 윤회를 믿지만 일반적으로 우리가 환생이라고 생각할 때 떠오르는 것과는 조금 다르다. 전통적인 환생의 개념은 정신 또는 영혼 같은 것이 사람, 동물, 식물일 수 있는 새로운 물질적 형태에 거주하게 된다는 것이다. 일부 불교학파는 윤회를 이런 환생 개념에 더 가까운 것으로 생각하지만, 이는 불교의 무상과 무아에 대한 이해와 맞지 않는다. 우리는 매일 모습을 변화시키며 매순간 새롭게 태어나는 경험을 하고 있다. 지금 이 페이지를 읽고 있는 나는 사실상 책을 마칠 쯤의 나와는 같지 않을 것이다. 영원한 내가 없다면 나의 어떤 부분이 죽음을 초월하여 환생할 수 있을까?

하지만 우리가 자연을 관찰할 때 끊임없이 다시 태어난다는 것의 의미를 알 수 있다. 물리학의 에너지 보존 법칙에 따르면 에너지는 생성되거나 소멸될 수 없으며, 단지 한 형태에서 다른 형태로 변환될 수 있다. 구름이 형태를 바꾸어 비가 되고 이 비는 강의 일부가 되어 바다로 흘러들어가고 그 후 가열되어 공기 중으로 증발하고 다시 구름이 되어 이 과정이 반복되는 것이다. 한때 구름이었던 것이 새로운 형태로 변한 것이다. 우리는 구름이 빗방울로 바뀐다고 해서 구름이 죽는다고 말하지 않는다. 과연 우리는 구름과 정말 다를까? 우리가 죽으면 우리의 몸은 분해되어 형태가 바뀌고 자연의 일부가 되지만 결코 사라지지는 않는다. 불교에서는 인간도 자연의 다른 모든 것들과 마찬가지로 끊임없는 변화의 순환 속에 있는 일부라고 여긴다.

불교의 궁극적인 목표는 이 순환을 초월하고 열반에 들어가는 것이라고 들어본 적이 있을 것이다. 그렇기는 하지만 이것에 대한 해석은 종파에 따라 다를 수 있다. 우리에게 중요한 것은 초월에 대해 생각하기 전에, 죽고 다시 태어나는 순환이 계속되고 있음을 먼저 이해하는 것만으로도 충분하다는 것이다.

너도 죽어가고 있는 걸

몇 년 전, 나의 좋은 친구이자 사업 파트너가 나에게 삶에 대한 훌륭한 교훈을 가르쳐 주었다. 그는 피부암(흑색종) 4기 진단을 받았고 몇 달밖에 살 수 없다는 말을 들었다. 친구의 상태가 악화되자 그에게 물었다. "죽는다는 것을 안다는 건 어떤 느낌이지?" 그 친구는 미소를 지으며 말했다. "네가 말해봐! 너도 죽어가고 있는걸." 그 친구의 말이 맞았다. 우리는 모두 죽어 가고 있으니까.

불교는 죽음에 대해 생각하는 것이 현명한 삶의 방식이라고 가르친다. 죽음을 준비하기 위해 동굴에서 명상하며 평생을 보낼 필요도 없고, 사랑하는 사람을 잃거나 스스로 시한부 선고를 받는 고통스러운 경험을 통해 삶의 의욕을 잃을 때까지 기다릴 필요도 없다. 지금 여기에서 우리의 삶을 의미 있게 만들어 나갈 수 있다. 그것은 의미라는 것이 밖에서 찾아지는 것이 아니라 우리 안에서 만들어 가는 것임을 이해하는 것에서 시작된다.

나는 죽음을 항상 염두에 두기 위해 다음과 같은 방법을 사용한다. 스스로에게 물어보자. "오늘이 내가 사는 마지막

날이라는 것을 안다면 어떻게 될까? 그렇다면 오늘 내가 이야기하는 모든 사람과의 관계에 어떤 변화를 가져올까?" 그런 다음 뒤집어 물어보자. "내가 이야기하고 있는 상대방이 하루밖에 살지 못한다는 것을 알게 된다면 어떻게 될까? 그러면 그 사람과 대화하는 내 방식에 변화를 줄까?"

오늘
부지런할 지어다.
죽음은
예고 없이 찾아오나니.

붓다,
밧데카랏타 숫따

카르마는 이 모든 개념 어디에 적합한가요? 불교는 가는 것은 돌아오는 것이라고 가르치지 않나요? 카르마는 우주적 정의 체계인가요?

<hr>

카르마(Karma)은 불교 전통에서 가장 잘 알려진 개념 중 하나이지만 가장 오해받는 개념이기도 하다. 산스크리트어로 '카르마(Karma)' 또는 팔리어로 '깜마(kamma)'는 단순히 "행동"을 의미한다. 대부분의 서양 사람들은 카르마를 일종의 운명이나 우주의 절대적 정의의 형태로 생각한다. 즉, 나쁜 일을 하면 우주가 결국 나쁜 일을 되갚는다는 식의 개념으로 받아들인다. 하지만 카르마에 대한 불교의 이해는 실제로 상당히 다르다. 카르마는 단순히 원인과 결과의 법칙일 뿐이다. 그 뒤에 정의, 지성, 도덕 체계라는 것은 존재하지 않으며 어떤 처벌이나 보상이 있는 것도 아니다. "내가 좋은 일을 하면 나에게 좋은 일이 생긴다."라기보다는 오히려 "내가 어떤 행동을 하면 그에 따른 결과가 발생한다"는 원리이다. 카르마는 신비롭거나 숨겨진 것이 아니라, 그 자체로 행위가 중요하며 결과는 뒤따른다는 것이다.

모든 것이 연기적이고 상의상관적이며 상호의존적으로 연결되어 있다는 것을 이해하기 시작할 때, 우리 주변에서 카르마가 작용하는 모습을 보기 시작할 것이다. 예를 들어 어떤 사람이 직장에서 동료와 말다툼이 있었다고 가정하자. 퇴근할 때도 여전히 화가 난 상태라서 집으로 돌아가는 길에 앞 차에 피해를 주는 공격적인 운전을 할 수도 있다. 그로 인해 앞 차의 운전자까지 이제 화가 난 채로 집에 가서는 아이들이 바닥에 뭐라도 흘리게 되면 소리치게 된다. 우리는 한 행동이 다른 행동에 어떻게 영향을 미치는지 알 수 있으며, 이것이 바로 카르마의 작용이다. 매순간 우리는 다른 사람들에 의해 시작된 카르마에 반응하여 행동하고 있다. 카르마의 핵심 가르침은 우리가 잠시 멈춤으로써 그 반응의 순환을 끊을 수 있다는 것이다. 그 마음챙김의 잠시 멈춤 속에서, 우리는 주변의 인과관계를 고려하는 숙련된 선택을 할 자유를 가지게 된다.

불가지론자나 무신론자이면서도 불교를 실천할 수 있나요?

불교는 비신론적(nontheistic) 전통이다. 이는 불교의 가르침을 실천하고 이로움을 얻는 데 있어 신을 믿을 필요가 없다는 것을 의미한다. 일부 불교 문화 전통에서 신이나 악마, 혹은 신적 존재들에 대한 언급이 있기는 하지만, 불교의 어떤 가르침에도 절대적 창조신의 개념은 존재하지 않는다. 신이 존재하는지 여부에 대한 유신론적 질문은 솔직히 말해서 불교에서는 중요하지 않다.

이 질문에 대한 더 나은 접근 방법은 "나의 믿음(또는 무신앙)이 현실을 제대로 보고 경험하는 것을 방해하고 있는가?"라고 자문하는 것일 수 있다. 우리의 마음은 이미 신념, 판단, 분별 그리고 현실에 대한 각자의 이해로 가득 차 있다. 우리는 보통 새로운 것을 받아들이기보다 이미 알고 있다고 여기는 것에 훨씬 더 매달리곤 한다. 만일 내가 신이 있다고 믿는데 실제로는 신이 없다면 그 사실이 아무리 명백하더라도 나는 결코 그것을 인지하지 못할 것이다. 왜냐하면 신이 있다는 믿음에 눈이 멀기 때문이다. 마찬가지로 만일 신이 존재하지 않는다고 믿는다면 설사 신이 바로 내 앞에 있을 수 있더라도 신이 없다는 믿음 때문에 그것을 볼 수 없을 것이다.

신이 있는지 없는지는 궁극적으로 알 수 없다는 입장인 불가지론不可知論은 깨달음의 길에서 중요한 역할을 할 수 있다. 모르는 상태는 배움과 경험에 열려 있는 이상적인 마음 상태이기 때문이다. 많은 불교도들은 신에 대해서뿐만 아니라 많은 실존적 질문들에 대해서도 불가지론적이다. 이것은 선(禪, Zen) 전통에서 초발심 또는 열린 마음이라고 부르는 것이다.

한 유명한 큰스님을 찾아간 학생에 대한 이야기가 있다. 자신이 알고 있는 선에 대해 모든 것을 계속 늘어놓는 동안 스님은 가만히 차만 따라 주었다. 큰스님은 학생의 컵을 가득 채운 후에도 계속 부었다. 그때 학생이 컵이 넘치는 것을 보며 "넘쳤어요! 더 이상 들어가지 않아요!"라고 외치자 큰스님은 대답했다. "이것이 바로 너다. 내가 너에게 선을 알려 주려면 먼저 너의 컵을 비워야 하지 않겠느냐?"

마찬가지로, 유신론이든 무신론이든 우리의 믿음이 현실을 있는 그대로 보지 못하게 할 수 있다. 하지만 진정으로 열린 마음을 가질 때 경이감과 탐구심 덕분에, 우리는 자신이 모르고 있다는 것조차 알지 못했던 새로운 지식을 탐구하게 된다.

불교가 다른 주요 세계 종교와 구별되는 점은 무엇인가 요? 불교인이면서 동시에 기독교인, 유대교인 또는 다른 어떤 것이 될 수 있습니까?

불교와 다른 주요 종교의 큰 차이점 중 하나는, 대부분의 다른 주요 종교들이 큰 실존적 질문들─나는 누구인가? 나는 왜 여기 있는가? 내가 죽으면 어떻게 되는가? 모든 것들 뒤에 신이나 창조적 힘이 있는가?─에 대한 답변에 초점을 맞추는 반면 불교는 그 질문들 자체에 중점을 둔다는 것이다. 불교는 삶의 실존적 딜레마를 다루는 방법으로, 이러한 질문들을 나 자신에게로 돌려 "왜 나는 이러한 질문들에 대한 답을 알고 싶어 하는가?" 또는 "내가 누구인지를 알고 싶어 하는 '나'는 누구인가?"라고 묻고 있다. 그런 의미에서 불교는 다른 종교가 제시하는 답과 충돌하는 답변을 제시하지 않으므로 다른 종교와 실제로 직접 대립하지 않는다. 또한 일부 종교는 신이나 악마와 같이 선과 악의 외부적 원천에 초점을 맞추는 반면, 불교에서는 선과 악이 내면에 있으며 마음이 모든 것의 근원이라고 본다.

　『불교의 지혜: 깨달음의 길(Buddhist Wisdom: The Path to Enlightenment)』이라는 책에서 달라이 라마는 "불교에서 배

운 것을 불교도가 되기 위해 사용하려고 하지 말고 이미 있는 그대로보다 더 나은 사람이 되기 위해 사용하라.”라고 말했다. 나는 개인적으로 무신론자이면서 불교를 실천하는 사람들, 기독교인이면서 불교를 실천하는 사람들, 그리고 다른 이념 또는 종교로 자신을 규명하지 않고 불교를 실천하고 있는 사람들을 알고 있다. 불교는 요가처럼 실천할 수 있는 것이며, 단순히 자신이 무엇인지를 나타내는 것이 아니라, 실제로 수행하는 방식으로 접근할 수 있다.

예전에도 지금도
내가 말하는 것은
괴로움과
괴로움의 소멸뿐이다.

붓다,
숫타니파타

이 모든 것이 정말 흥미롭지만 다소 추상적입니다. 불교의 이러한 개념들이 일상생활에 어떤 변화를 가져올 수 있나요?

몇 해 전 아내가 셋째 딸을 출산했었다. 드디어 아이를 품에 안아 보게 되었을 때 순간 감정이 북받쳐 오르면서, 갑자기 아이에 대한 나의 모든 희망과 기대가 일어났다. 아이의 눈을 바라보며 그녀의 외모, 유머 감각, 그리고 자라서 어떤 사람이 될지 상상했다. 그러다 갑자기 또 다른 생각이 들었다. 아이가 아프면 어떡하지? 코에 관을 꽂고 팔에 주사 바늘을 꽂은 아이의 모습을 상상하니 생각들이 복잡해지기 시작했다.

하지만 곧 나는 매 순간과 삶 자체의 무상함에 대해 생각하게 되었다. 반사적으로 떠오르는 생각들을 잠시 멈추고, 그저 아이와 함께 있는 그 순간에 집중할 수 있었다. 나는 아이의 작은 눈을 바라보며 그 순간을 즐겼다. 내일이 어떻게 될지 확신할 수는 없었지만, 그 순간 내가 무언가 말로 표현할 수 없는 경험을 하고 있다는 것은 확실했다. 나는 지금까지 없었고 앞으로도 없을 현재의 순간을 경험하고 있었다. 그것은 진정한 마법과도 같았다!

오직 현재의 순간만이 우리가 가질 수 있는 전부이기에, 우리는 그 불확실함을 받아들이며 순간순간을 살아가는 것이다. 여기에는 행복한 순간, 슬픈 순간, 분노나 연민을 느끼는 순간까지 모두 포함된다. 이 모든 순간들은 아주 특별하며 소중한 순간들이다.

불교의 개념과 가르침은 우리가 현재의 순간에 집중하도록 도움을 준다. 그것이 내가 딸과 함께한 마법 같은 순간이든, 그냥 빨간 신호등에 잠시 기다리던 일상의 평범한 순간이든 상관없이 말이다.

이 모든 순간들은 우리가 바른 시각으로 바라볼 때 깊은 알아차림의 순간이 될 수 있다. 불교의 개념과 가르침은 우리가 일상 속에서 더 큰 자유와 더 깊은 의미 그리고 평온함을 찾을 수 있는 방법을 알려준다.

3부
핵심 가르침

이 장에서는 사성제四聖諦, 팔정도八正道와 같은 주요 불교 가르침에 대해 배우게 된다. 다소 어렵게 들릴 수 있지만, 일상생활에서 이러한 가르침을 실천함으로써 누구에게나 이익을 줄 수 있는 방법과 이유에 대해 논의할 것이다.

불교를 하나의 핵심 가르침으로 요약한다면 무엇인가요?

붓다의 가르침의 핵심은 고통의 본질과 고통의 소멸이다. 초기 불교 경전에서 붓다는 "예나 지금이나 내가 설하려는 것은 고통과 고통의 소멸뿐이다."라고 설한 것으로 전해진다(쌍윳다 니까야 22.86). 붓다가 깨달음을 얻은 후 처음으로 설한 가르침 중 하나는 사성제四聖諦, 네 가지 고귀한 진리이다. 네 가지 진리는 모두 삶에서 피할 수 없는 부분인 고통과 연관되어 있다. 사성제는 고통의 존재에 대한 진리인 고성제(苦聖諦, dukkha), 고통의 근원에 대한 진리인 집성제(集聖諦, samudaya), 고통의 소멸에 대한 진리인 멸성제(滅聖諦, nirodha), 고통의 소멸에 이르는 길에 대한 진리인 도성제(道聖諦, magga)이다.

사성제를 의학적 관점으로 생각해 볼 수 있다. 이 경우, 의사(붓다)는 문제(고통)를 진단하고, 그 근본 원인을 파악하며, 예후를 결정한 다음, 마지막으로 치료 방법을 처방하는 과정으로 볼 수 있다. 사성제는 인류가 겪는 불가피한 고통을 다루기 위한 행동 방안을 의미한다. 이런 의미에서 그것들은 진리라기보다는 과제로 볼 수 있다. 사성제는 우리가 믿는 네 가지의 진리가 아니라 우리가 수행해야 하는 네 가지 덕목이어야 한다. 내가 진행하는 팟캐스트에서 불교 학자이자 작가인 스티븐 배첼러(Stephen Batchelor)를 인터뷰 했을때, 그는 사성제를 기억하기 쉬운 약어를 사용하여, 이를 실천과 제로 설명했다.

ELSA(엘사)

E : 고통을 포용하기 (Embrace the instance of suffering)

L : 반응적 패턴을 내려놓기 (Let go of the reactive pattern)

S : 반응의 멈춤을 알아차리기 (See the stopping of the reactivity)

A : 숙련되게 행동하기 (Act skillfully)

사성제는 모든 불교 수행법, 종파, 전통에서 핵심을 이루는 가르침이다. 사성제의 핵심은 인간이 겪는 고통에 대한 진리를 다루고 그것을 받아들이는 것이다.

고통을 받아들인다는 것은 무엇을 의미하나요? 고통은 정말 힘든 것인데 우리가 어떻게 그것을 받아들일 수 있을까요? 다시 말해, 첫 번째 고귀한 진리, 고성제에 대한 의미는 무엇인가요?

✦

사성제四聖諦 중 첫 번째 진리는 팔리어로 두카(dukkha)라고 하며, 삶에 고통이 있음을 인식하는 것이다. 고성제(苦聖諦, dukkha)는 문제를 진단하며, 삶에는 어려움이 발생하고 우리는 고통을 겪는다고 말한다. 그것은 '만약 겪게 된다면'의 문제가 아니라 '언제 겪느냐'의 문제이다. 질병, 노화, 죽음은 가장 분명한 예시이긴 하지만, 직장을 잃는 것부터 휴대폰을 떨어뜨려 화면이 깨지는 사소한 일까지, 우리의 삶에는 수많은 어려움이 존재한다.

현실의 본질은 어려움이 발생하고 우리는 고통을 겪게 된다는 것이다. 우리는 이 고통이 나 개인만 겪는 것이 아니라는 걸 인식함으로써 그 사실을 받아들이기 시작한다. 고통은 단순히 존재함으로써 경험하게 되는 것들의 일부일 뿐이다. 그리고 아무리 피하려고 노력해도 우리는 고통을 경험하게 될 것이다. 고통에서 벗어나기 위해 마법의 공식을 찾으려 하든, 돈을 들이든, 명성을 구하든 혹은 그것으로부터 자신을 보호할 기도나 명상을 하거나 의식을 올리든 상관없이 고통은 어떤 형태로든 우리를 찾아올 것이다. 고통은 인간 존재에 있어서 핵심 문제인 것이다.

이 진단은 보편적이다. 단지 나 혼자만의 문제가 아니라 우리 모두에게 해당된다. 부자든 유명인이든, 권력자든 신앙이 깊은 사람이든, 그 누구도 예외는 없다! 만약 혼자만 어려움을 겪고 있다고 생각되면 시간을 내어 다른 사람들과 이야기하고 그들의 문제에 대해서도 물어 보자. 곧 모든 사람이 고군분투하고 고통과 씨름하고 있다는 것을 알게 될 것이다.

고통을 받아들이는 것에 대한 붓다의 가르침은, 고통이 모든 사람의 삶의 일부이며 피할 수 없다는 것을 진정으로 받아들일 때 우리의 삶이 더 편안해질 거라는 것이다.

숲속으로

숲속으로 하이킹을 간다고 상상해 보자. 새소리를 감상하거나 아름다운 꽃 사진을 찍기 위해 가끔씩 걸음을 멈추고 경치와 소리를 즐기고 있을 수도 있다. 그러던 중 갑자기 곰 한 마리가 덤불에서 뛰어나와 큰 소리로 포효하며 우리를 향해 달려든다. 우리는 아마도 두려움에 비명을 지르고, 필사적으로 목숨을 구할 방법을 생각하며, 이 하이킹을 온 것을 몹시 후회하고, 아이들에게 무슨 일이 생길지 걱정할 것이다. '왜 나에게?', '왜 이런 일이 일어나지?'라고 생각할 수 있다. 그런데 곰이 갑자기 일어서더니 머리에 쓴 곰 가면을 벗는다고 가정해 보자. 그것은 진짜 곰이 아니라 등산객을 놀라게 하려고 곰 복장을 한 사람일 뿐이다.

이제 그 하이킹을 다시 상상해 보자. 하지만 이번에는 길가에 곰 가면을 쓴 사람이 숨어 있다가 사람들을 놀라게 하려 한다는 경고를 미리 받았다고 가정하자. 이제 우리는 그 사실을 알고 있으므로 경계를 하게 된다. 물론 하이킹이 길어 가다보면 때로는 잊어 버리기도 할 것이다. 곰 가면을 쓴 사람이 갑자기 튀어나와 겁을 주면 여전히 놀랄 수 있다. 아마도 펄쩍 뛰거나 비명을 지를 수도 있다. 하지만, 완전히 공포에 질리지는 않을 것이며, 이전보다는 충격에서 더 빨리 회복할 수 있을 것이다. 왜냐하면 사전에 주의를 받았고 누군가가 우리를 놀라게 할 것이라는 생각을 받아들일 시간이 있었기 때문이다. 우리는 스스로에게 이렇게 말할 것이다. "언젠가는 이게 일어날 줄 알고 있었어. 다른 많은 등산객들도 겪는 일이니깐."

이것이 바로 불교가 고통에 대해 가르치는 본질적인 내용이다. 고통은 존재하며 두렵고 언젠가는 불쑥 튀어나와 우리를 놀라게 하겠지만, 그렇다고 해서 완전히 겁에 질릴 필요는 없다. 이렇게 해 보자. 다음에 고통이나 괴로움을 경험할 때는 "인생은 불공평해, 왜 나에게 이런 일이 일어나는 거지?"라고 말하는 대신 "나는 이런 일이 일어날 수 있다는 것을 알고 있었어. 나만 겪는 게 아니야. 다른 사람들도 같은 것을 경험을 하고 있어."라고 스스로에게 얘기하는 것이다. 고통이 피할 수 없는 경험의 일부라는 사실을 알게 되면 언젠가는 일어날 수 있다는 사실을 받아들이고 덜 걱정하게 되며, 고통이 닥쳤을 때 더 빨리 회복할 준비를 할 수 있다.

"수용"이라는 것조차 너무 많은 것을 요구하는 것처럼 느껴집니다. 세상에서 일어나는 모든 나쁜 일들도 우리가 그저 받아들여야 하나요?

불교 가르침의 목적은 현실의 본질을 더 잘 이해하고 사물의 진짜 모습을 명확하게 파악하도록 도움을 주는 것이다. 불교에서 말하는 수용은 불의나 고통 같은 나쁜 일을 그저 포기하거나 무시하는 것을 의미하지 않는다.

불교적 의미의 수용이란 현실에 저항하거나 맞서지 않는 것을 말한다. 예를 들어, 외로움과 같은 특정 감정이 든다면 그것을 해결하려 하기 전에 먼저 외로움을 그대로 받아들여야 한다. 만약 자신이 외롭다는 사실을 인정하지 않은 채 그 불편한 감정에서 벗어나려고만 한다면, 그것을 덜어내기 위해 하는 어떤 노력도 성공하지 못할 것이다. 왜냐하면 우리는 잘못된 목표를 겨냥하고 있기 때문이다.

우리는 때때로 수용을 체념이나 포기와 동일시하지만 수용은 체념과는 다르다. 몇 해 전, 나는 삶에서 어려운 상황을 겪고 있었다. 매우 가까운 사람으로부터 신뢰가 깨지는 것을 경험했고 화가 나고 상처도 받았다. 하지만 그 당시에는 화를 내지 말아야 한다고 생각했고 일어난 일을 "수용하고" 극복하는 것이 내가 해야 할 일이라 느꼈다. 하지만 이러한 태도는 상황을 악화시켰을 뿐이며, 결국 괜찮아지는 데 필요한 시간보다 더 오랫동안 그 일 때문에 화가 나 있었던 것 같다. 실제로 '수용'이 무엇인지 알게 된 것은 몇 년이 지나서였다. 나는 내 감정을 온전히 받아들인 적이 없었고, 그저 그런 척만 했던 것이다. 실제로는 그 상황에 대해 화가 났었고, 내가 화가 난 사실에도 화가 났었다. 내 감정을 그대로 받아들이지 않았기 때문에 나 자신의 고통이 길어졌던 것이다.

이 사실을 깨닫게 되자 비로소 나는 조각난 신뢰보다 나 자신의 분노 자체를 받아들이기로 했다. 나는 화가 나 있었고 그것은 전혀 문제가 되지 않았던 것이다. 내 감정들을 받아들이고 내가 느끼는 것을 억누르지 않는 것에서 엄청난 해방감을 느꼈다. 이것이 나의 치유 여정의 출발점이었고, 현실을 받아들이고 그것에 맞서려 하지 않는 것에서 모든 것이 시작되었다.

불교의 관점은 일어난 나쁜 일들을 받아들이라는 것이 아니라, 나쁜 일들이 일어날 수 있다는 사실 그 자체를 받아들이는 것이다. 상황의 현실을 받아들이면, 그때서야 '이제 나는 무엇을 할 것인가?'라고 스스로 물을 수 있게 된다. 수용이란 현실에 맞서는 것이 아니라 현실과 관계를 맺으며 살아가는 것이다.

두 번째 고귀한 진리, 집성제에 대해 알려주세요. 고통을 줄이는 방법은 우리에게 일어나는 어려움들에 덜 반응하는 것이라고 말하고 있지만, 그것은 정말 어려운 일입니다! 어떻게 그 반응을 내려놓을 수 있나요?

두 번째 진리인 집성제(集聖諦, samudaya)는 고통의 원인에 대해 다루고 있다. 우리가 겪는 고통의 주요 원인은 삶이 전개되는 대로 습관적으로 반응하는 우리의 태도에 있다. 즉, 벌어진 일들에 의미를 부여하며 스스로 이야기들을 만들고, 왜 고통스러운 일들이 우리에게 일어나는지 고민하고, 상황이 달랐으면 좋겠다고 바라는 것과 같은 방식이다. 고통은 우리가 삶이 지금과 다르기를 바랄 때, 즉 있는 그대로의 현실에 저항할 때 생겨난다. 세상이 생각대로 움직이지 않을 때 우리는 좌절하게 되는데 이것은 우리에게 고통을 주고 다시 어떤 반응을 일으키는 계기가 된다.

하지만 고통을 경험하는 것 자체가 실질적 문제는 아니다. 문제는 우리가 그 고통에 어떻게 반응하느냐에서 생겨나는 것이다. 붓다는 "고통스러운 감각에 접촉하게 되면, 보통의 사람은 슬퍼하고, 애도하며, 한탄하고, 가슴을 치며 혼란스러워 한다. 그렇게 그는 두 번째 고통을 느끼게 되는데, 하나는 육체적인 고통이고, 다른 하나는 정신적인 고통이다. 마치 사람이 화살에 맞은 후, 그 직후에 또 다른 화살에 맞아 두 개의 화살로 인한 고통을 느끼는 것과 같다.”고 가르쳤다 (상윳다 니까야 36.6). 반응성은 악순환으로 이어진다. 우리가 고통에 대해 더 깊게 생각할수록, 그 원인이 되는 현재의 삶이 달랐으면 하는 마음이 더욱 강해지는 것이다. 고통이 더 심할수록 우리는 그 고통에서 벗어나고 싶어지지만, 벗어나고자 할수록 고통은 더욱 강해질 것이다.

벽을 주먹으로 쳐 보거나 홧김에 내뱉은 말을 나중에 후회해 본 사람이라면 누구나 반응성을 경험한 것이다. 고통으로 인한 감정적 불편함이 너무 커서, 벽을 치는 것과 같은 행동을 하는 것만이 그 고통에 대한 반응으로 합당하다고 여겨질 수 있다. 반응성을 놓아주는 것은 고통에 대해 즉각적으로 반응하지 않는 것을 의미한다. 이것은 벽을 치는 행동처럼 고통에 대해 분노나 절망으로 표출하려는 충동을 내려놓는 것이다. 그러한 반응은 결국 상처를 꿰매거나 벽의 구멍을 메우는 것과 같은 부수적인 고통만 초래할 뿐이다.

반응성을 멈추는 것은 벽을 치고 싶게 만드는 불편한 감정을 없애야 한다는 의미는 아니다. 사실 불편한 감정을 완전히 없애는 것은 불가능하다. 반응성을 놓아주는 것은 불편한 감정에 본능적으로 반응하지 않으려는 노력으로, 두 번째 화살을 피하는 것과 같다. 이렇게 반응성을 놓아주는 것은 우리가 해야 하는 고생이 아니라 오히려 해방감을 얻는 과정이다. 결국 우리는 고통을 내려놓는 것이 결코 힘들기만 한 일이 아니라는 사실을 깨닫게 된다.

그렇게 삶을 대하는 것이 더 나은 방법처럼 들리지만 현실적인가요? 정말로 고통을 끝낼 수 있나요? 세 번째 고귀한 진리, 멸성제는 무엇을 말하나요?

앞서 언급했듯이, 우리는 삶이 지금과는 다르기를 갈망할 때 고통을 겪는다. 세 번째 성스러운 진리인 멸성제(滅聖諦, nirodha)는 고통 자체가 사라지는 것이 아니라, 오히려 고통을 피하려는 우리의 갈망이 사라지는 것임을 이해하는 데 도움을 준다.

불교 수행은 고통을 끝내는 것이 아니며, 고통은 평생 지속되는 현실이다. 우리는 고통을 피하려는 집착을 버릴 수 있지만, 버리려는 노력이 오히려 겪지 않을 수 있는 많은 고통을 일어나게 한다. 이 개념은 이해하기 어려운데, 우리가 단순한 의지의 힘으로 고통을 피하려는 갈망을 없앨 수는 없기 때문이다. 사실, 더 이상 집착하지 않으려 해도 집착하지 않겠다는 생각에 집착하게 되고, 갈구하지 않기를 바라지만 여전히 바라는 욕구 안에 잡혀있게 된다. 우리가 단순히 "이제부터 아무것에도 집착하지 않겠어."라고 말하는 것만으로는 부족하다. 왜냐하면, 집착을 일으키는 원인과 조건은 여전히 존재할 것이기 때문이다.

한 번은 쌍둥이 동생이 전화를 걸어 그가 겪은 일에 대해 이야기해 주었다. 고속도로에서 운전을 하고 있었는데, 갑자기 (앞서 8페이지의 예시에서처럼) 어떤 차가 끼어들었다고 한다. 그는 자신의 감정적 반응과 내면의 분노를 즉시 인식했고, 그 감정을 지켜보면서 "이 감정을 바라보는 자도 화가 나 있는가?"라고 자문했다. 그 순간, 그는 자신이 경험하고 있는 감정과 그 감정을 관찰하는 것을 구분할 수 있었다. 그 잠시 멈춤 덕분에, 그는 내면에서 펼쳐지고 있던 반응성을 멈추고 지켜 볼 수 있었다. 그 순간, 그는 분노라는 감정 안에 잡혀 있지 않았고 그 감정을 그저 있는 그대로 볼 수 있었다. 그는 분노라는 감정을 느끼고 있었지만 그것에 반응하지 않았고, 고통의 '두 번째 화살'을 결코 맞지 않았다.

네 번째 성스러운 진리, 도성제는 고통의 소멸로 이끄는 길인데, 우리는 그 길을 어떻게 시작할 수 있나요?

사성제의 마지막 진리는 도성제(道聖諦, magga)이며, 마가(magga)는 팔리어로 "길"을 의미한다. 붓다가 깨달음을 얻은 순간부터 그의 모든 가르침은 이 길과 관련되어 있었다. 각자의 깨달음의 여정에 따라 다르게 설명되었을 수도 있지만, 붓다의 많은 법문과 가르침의 본질은 해탈의 길 또는 고통의 소멸로 가는 길이라고 불리는 팔정도八正道에 담겨져 있다. 팔정도는 불교 수행의 세 가지 요체인 삼학三學의 혜학(慧學, panna, 지혜), 계학(戒學, sila, 계율), 정학(定學, samadhi, 선정)으로 분류할 수 있다. 팔정도는 순차적 수행체계가 아니며 여덟 가지 덕목이 모두 동시에 지속적으로 계발되어져야 한다. 각 덕목은 다른 덕목들의 함양에 도움을 주기에 모두 연결되어 있는 것이다. 삼학으로 분류된 팔정도의 여덟 가지 덕목들은 다음과 같다:

혜학慧學

1. 바른 견해: 정견(正見, samma ditthi)
2. 바른 사유(의도): 정사유(正思惟, samma sankappa)

계학戒學

3. 바른 말: 정어(正語, samma vaca)

4. 바른 행위: 정업(正業, samma kammanta)

5. 바른 생활: 정명(正命, samma ajiva)

정학定學

6. 바른 노력: 정정진(正精進, samma vayama)

7. 바른 마음챙김: 정념(正念, samma sati)

8. 바른 집중: 정정(正定, samma samadhi)

팔정도는 우리가 한 번만 걸으면 되는 길이나 혹은 특정 순서대로 수행하며 따르는 길이 아니다. 이 길의 여러 덕목들이 서로 겹치고 의존하며, 일부는 서로 연결되거나 연관성이 있음을 알 수 있을 것이다. 또한 팔정도는 지켜야 하는 도덕적 규범도 아니다. 각 덕목마다 '바른'이라는 단어가 포함되어 있지만 이것을 옳고 그름의 관점에서 생각하지 말고, 대신 지혜롭거나 숙련된 삶의 방식으로 생각하자. 팔정도는 현실의 진정한 본질을 경험하고 발견할 수 있도록 하는 삶의 구체적인 덕목들을 위한 지침인 것이다. "그 길을 따른다는 것"은 끊임없는 수행을 말하는 것이며, 우리의 삶에 새로운 인식과 안목을 가져다 줄 것이다.

날마다 좋은 날

내 사무실에는 '日日是好日'(일일시호일)라는 서화 족자를 걸어 두었는데, '날마다 좋은 날'이라는 의미이다. 이 글귀는 내가 너무 나 자신과 나의 고통에만 빠져 있을 때, 삶이 가지는 상호의존성을 강력하게 상기시키는 알람이 되어 준다.

동생과 나는 둘 다 취미로 패러글라이딩을 즐기며, 비록 사는 곳은 멀지만 가끔 만나서 비행하는 것을 좋아한다. 한번은 내가 좋아하는 캘리포니아주 샌디시티 근처의 비행 장소로 여행을 계획했었다. 이곳은 바람이 좋을 때 해안선을 따라 모래언덕 위를 수마일 동안 활공할 수 있는 장소이다. 동생에게는 이곳에서 비행하는 것이 처음이었기에, 모래언덕 위를 날아오르는 이 놀라운 경험을 함께 하기를 고대하고 있었다. 나는 하루 일찍 도착했고, 바람이 아주 좋았다. 다음 날 아침, 공항에서 동생을 태우고는 바로 비행 장소로 향했다. 하지만 우리는 그곳에서 바람이 불기를 기다리며 네 시간 동안 그냥 앉아 있어야 했다. 끝내 바람은 불지 않았고, 그 후 며칠 동안도 조용하기만 했다. 결국 우리의 비행 계획은 수포로 돌아갔다.

　동생이 비행 기회를 갖지 못한 것과 이곳에 온다고 소진한 항공 마일리지까지 모든 것들에 실망하고 불만이 쌓였다. 그 며칠이 우리에겐 불행한 날들의 연속인 듯했다. 하지만 그 주 후반, 뉴스에서 알게 된 것은, 잔잔한 바람 덕분에 소방관들이 당시 캘리포니아를 휩쓸고 있던 거대한 산불 중 하나를 진압할 수 있었다는 것이었다. 그 순간, 모든 것이 어떻게 연결되어 있는지를 깨달으며, '날마다 좋은 날'이라는 말을 되뇌었다.

혜학慧學과 관련된 부분부터 시작하겠습니다. 바른 견해: 정견正見이란 무엇을 의미하나요?

바른 견해 혹은 지혜로운 견해는 우리가 보고 있는 것이 실제로 보이는 것과 다를 수 있다는 사실을 인식하는 것에서 시작한다. 마치 헛간에 들어가서 감겨 있는 호스를 보고는 그것을 뱀으로 착각하는 상황을 상상해 보자. 그 순간 우리가 경험하는 것은 현실이 아니라, 머릿속에 그려진 현실의 이미지일 뿐이다. 우리는 뱀이 실제로 있는 것처럼 바로 반응하며 깜짝 놀라 숨을 헐떡거리거나 도망칠 수 있지만, 정작 현실은 그곳에 뱀이 없다는 것이다. 지혜는 헛간에 불을 켜고 뱀이 실제로는 호스임을 드러내 보이는 것과 같다. 우리는 세상을 있는 그대로 볼 수 있도록 지혜를 끊임없이 구해야 한다. 사성제四聖諦와 삼법인三法印, 즉 고, 무상, 무아는 우리가 현실의 본질을 지혜롭게 이해하는 데 도움을 준다. 바른 견해를 위한 지혜는 더 많은 지식을 습득해야 하는 것이 아니다. 오히려, 그 반대로 현실을 있는 그대로 보지 못하게 방해하는 개념과 관념을 버리려는 노력이다.

바른 사유(의도): 정사유正思惟를 갖는다는 것은 무엇을 의미하나요?

고통을 줄이고 싶다면, 우리가 말하고 행동하는 것에 대한 의도를 인식해야만 한다. 의도가 분노나 증오에서 비롯될 때, 그것은 행복이나 감사에서 나온 의도보다 해를 끼칠 가능성이 더 크다. 우리가 반응적으로 행동할 때는 자신의 말과 행동 뒤에 숨겨진 의도를 알아차리기가 매우 어렵다. 자신의 의도를 인식하는 데에는 연습이 필요하다. 이 연습은 일상에서 일어나는 일에 반응할 때 "왜?"라고 스스로에게 물어보는 것으로 시작할 수 있다. 예를 들어 분노를 느낄 때 스스로에게 "내가 왜 이런 감정을 느끼는가?"라고 물어보자. 또 누군가에게 친절하게 대하고 있다면 "왜? 내가 이 사람을 진정으로 아끼기 때문인가, 아니면 이 관계에서 무언가를 얻으려고 하는가?"라고 스스로에게 물어보는 것이다. 자신의 의도를 인식하게 되면, 새로운 의도를 만들어야 하는지, 혹은 기존의 의도를 내려놓아야 하는지 결정할 수 있다. 이렇게 하면 보다 숙련되게 말하고 행동할 수 있게 될 것이다.

계학戒學과 관련된 부분으로 넘어가서, 바른 말: 정어正語을 한다는 것은 무엇을 의미하나요?

우리가 타인과 소통하는 방식은 평화롭고 조화로운 삶을 이루는 데 필수적인 요소이다. 우리는 사회적 존재이며 의사소통은 인간관계에서 가장 중요한 역할을 한다. 바른 말이란 타인에게 해를 끼치지 않는 방식으로 의사소통하는 것을 의미한다.(여기에는 글쓰기, 문자, 이메일, 심지어 SNS와 같은 모든 형태의 소통이 포함된다.) 거짓말, 험담, 타인에 대한 모욕은 바른 말이 아니며, 진심이 아닌 칭찬, 지킬 의도가 없는 약속, 잘 보이기 위한 아첨도 마찬가지이다. 바른 말에는 말하는 내용뿐만 아니라 그것을 말하는 이유도 고려되어야 한다.

건설적 비판과 파괴적 비판의 차이점을 생각해보자. 건설적 비판은 듣기 어려울 수 있지만 우리가 하고 있는 일을 더 잘할 수 있도록 돕기 위한 것이다. 반면, 파괴적 비판은 오직 고통을 주기 위한 것이다. 바른 말이라고 해서 항상 기분 좋은 말일 필요는 없으며, 누군가가 반대할까 두려워 생각을 숨길 필요도 없다. 하지만 바른 말은 진실해야 하고 진심이어야 한다.

바른 행위: 정업正業이란 무슨 의미인가요? 따라야 할 규칙들의 모음인가요?

바른 행위 또는 바른 행동이란, 현재 상황에 맞는 적절하고 필요한 일을 하는 것을 의미한다. 여기에는 도덕적으로 "옳은 일을 하는 것"이라는 의미가 때때로 포함되기는 하지만, 오히려 모든 상황에서 적절하게 행동하기 위한 지침에 더 가깝다. 틀에 박힌 도덕규범의 문제는, 도덕이 시간이 지남에 따라 변화하고 진화하며 문화마다 다를 수 있다는 점이다. 다른 시대와 장소의 도덕적 규범을 그대로 따르는 것이 현재 우리의 시대와 장소에 있어서 반드시 가장 현명한 행동 방식은 아닐 수 있다.

헨리 루이스 멘켄(H. L. Mencken)의 유명한 말이 있다. "도덕은 지시와 상관없이 옳은 일을 하는 것이며, 복종은 무엇이 옳은지 여부와 상관없이 지시대로 하는 것이다." 다시 말해, 바른 행위는 모든 상황에서 철저히 하나하나 따라야 할 규칙이 아니다. 삶이 끊임없이 변화하고 진화하는 상황에서 어떻게 그럴 수 있겠는가? 이상적으로는 바른 견해, 바른 사유, 그리고 바른 말이 바른 행위로 이어지며, 지혜가 우리를 그 상황에 맞게 적절히 행동하도록 이끌어 주는 것이다.

선한 일을 했다면
항상 그 일을 되풀이하라.
그 일을 즐겁게 여겨라.
선한 일을 쌓는 것은
즐거움이다.

붓다,
담마빠다

바른생활: 정명正命은 무슨 의미인가요? 불교에서는 특정 직업이 다른 직업보다 더 좋다고 여기는가요?

생활이란 우리가 생계를 유지하는 방식이자 직장에서 다른 사람들과 상호작용하는 방식을 의미한다. 우리 각자는 생계를 위해 하는 일이 자신과 타인에게 해가 더 많은지, 아니면 유익한 것이 더 많은지 스스로 판단해야 한다. '그렇다면, 마약상은 해를 끼치고 의사는 유익하다.'라고 생각할 수도 있지만, 불교의 이 가르침은 일이나 직업의 종류를 넘어서서 더 깊이 다룬다. 여기에는 동료나 고객과 어떻게 상호작용하는지도 포함된다. 의사가 어떤 약을 처방하기 위해 제약회사로부터 뇌물을 받아 피해를 입히는 것은 바른 생활이 아니다. 궁극적으로는 우리가 생계를 유지하는 방식에 대해 스스로 판단해야 하는 것이다. 이 결정 과정에서 바른 의도를 고려하는 것이 바람직하다. 스스로에게 "내가 지금 이 일을 왜 하는 거지?"라고 물어 보자. 바른 생활이란 반드시 적십자사나 인도주의적 목적을 가진 직업을 선택하는 것을 의미하는 것은 아니다. 그것은 직업이 무엇이든 상관없이 타인에게 해를 끼치지 않으려는 최선의 의도로 지금의 일을 하는 것이다.

나는 한때 건강 보조제를 판매하는 회사에서 일한 적이 있었는데, 얼마 지나지 않아 고객을 대하는 우리의 판매 방식 하나가 불편해졌다. 우리는 고객들이 무료 체험을 신청하도록 유도한 후, 그들이 인식하지 못한 채 매달 자동 구독이 되는 방식을 운영하고 있었다. 나는 제품 자체에 대한 믿음은 있었지만, 무료 체험을 신청할 때 세부 약관을 제대로 읽지 않은 많은 사람들에게 우리가 피해와 좌절감을 주는 것이 매우 불편했다. 나에게 이 직업은 바른 생활 방식이 아니었다. 결국 그 일을 그만두고 더 이상 내 생활에 대해 갈등을 느끼지 않는 다른 일을 찾게 되었다.

정학定學과 관련된 부분의 관점을 설명해 주세요. 바른 노력: 정정진正精進을 한다는 것은 무슨 의미인가요? 더 나아지기 위해 더 열심히 노력하는 것인가요?

바른 노력은 팔정도의 다른 모든 덕목을 실천하는 데 필요한 노력이다. 삶에서 어떤 긍정적인 변화를 경험하고 싶다면, 우리 스스로 노력을 기울여야 한다. 음악, 스포츠, 비즈니스 등 다른 어떤 분야에서든 새로운 기술을 배우기 위해서는 반드시 노력이 필요하다. 노력이 없다면, 진전을 거의 이루지 못하는 경우가 많다. 같은 원리로, 바른 노력은 우리가 세상에서 하는 모든 일에 영향을 미친다.

나는 10년 넘게 기타를 배우려고 애써 왔지만, 연습에 요구되는 모든 노력을 쏟는 것이 어려워 실제로 마스터한 적이 없다. 대신 이 책을 쓰는 것 같은 내가 이루고 싶었던 다른 일에는 시간과 노력을 들였지만, 기타는 여전히 나에게 어려운 것으로 남아 있다. 다행히 기타를 잘 못 친다고 해서 나의 삶에 큰 영향을 미치지는 않았다. 하지만 때때로 우리는 직장, 인간관계, 세상을 살아가는 방식과 같은 더 중요한 일들을 잘 해내고 싶어하지만 충분한 노력을 기울이지 않고 있다. 바른 노력이란 현실의 본질을 더 주의 깊게 알아차리고 인식하는 데 필요한 시간과 노력을 아낌없이 쏟는 것이다.
이러한 노력 없이는 깨어남이나 깨달음이 있을 수 없는 것
이다.

바른 마음챙김: 정념正念을 갖는다는 것은 무슨 의미인가요? 이것은 명상에 관한 것인가요?

바른 마음챙김은 우리가 명상을 하든 그저 일상적인 일을 하든지 주의를 기울이는 것이다. 마음챙김은 우리가 현재 순간에 집중해 머물러 있도록 도와주며, 이를 통해 있는 그대로의 현실과 계속 접촉할 수 있도록 해준다. 선의 대가 틱낫한(Thich Nhat Hanh)은 마음챙김을 이렇게 설명하고 있다: "치통이 있을 때 그 느낌은 매우 불쾌하지만, 치통이 없을 때는 보통 감정이 안정된 중립적 감정 상태를 가지게 된다. 하지만 그렇게 치통이 없는 상태여도 마음챙김을 한다면, 중립적 감정상태는 평온함과 즐거움으로 바뀔 것이다. 마음챙김은 행복을 불러일으키고 행복을 키우는 것이다." 이런 의미에서, 마음챙김은 우리가 어느 순간이든 만족을 경험할 수 있음을 인식하도록 도와준다. 우리가 현재 경험하고 있는 모든 '중립적 감정 상태'를 알아차리기 위해서는 우리의 인식 범위를 확장하는 것이 무엇보다 중요하다.

바른 집중: 정정正定이란 무엇인가요? 앉아서 무언가에 집중하는 것인가요? 이것이 명상의 목표인가요?

바른 집중, 즉 지혜로운 집중은 그 순간 우리가 하고 있는 일이 무엇이든 오직 한 가지에 마음을 집중하는 수행이다. 명상은 집중력을 키울 수 있는 훌륭한 도구이다. 명상이라고 하면 보통 바닥에 양반다리로 앉아 눈을 감고 있는 모습을 떠올리지만, 명상은 단순히 앉아서 하는 것 이상의 의미를 가진다. 우리는 설거지를 하거나, 걷거나, 사실상 다른 모든 활동을 하면서도 명상수행을 할 수 있다.

바른 집중의 반대는 산만함이다. 새로운 문자가 도착했음을 알리는 스마트폰의 알림 소리부터 우리의 주의를 끄는 수천 개의 광고까지, 산만함은 어디에나 존재한다. 산만함은 우리가 삶을 있는 그대로 바라보지 못하게 하고, 자신과 타인에 대한 진실을 보지 못하게 한다. 하루는 자동차 대신 자전거를 타고 출근하기로 마음먹었다. 도로의 굽은 곳을 돌아가는데 들판의 나무들 뒤에 빨간 헛간이 있는 것을 보았다. 나는 몇 년 동안 매일 같은 곳을 지나면서도 운전에 집중하거나, 라디오나 업무에 대한 생각에 정신이 팔려 그 빨간 헛간을 전혀 알아차리지 못했다. 하지만 이날은 천천히 가면서 주의를 기울였기 때문에, 오랫동안 거기 있었던 새로운 것을 발견할 수 있었다. 우리가 단순히 주위를 기울이고 인식하며 지낼 수만 있어도 많은 것들을 새로이 발견하고 보게 되지 않을까?

버섯

어렸을 때 내 그릇에 담긴 음식을 모두 먹을 때까지 자리에 앉아 있어야 했던 기억이 난다. 편식이 있던 나에게 이것은 곤욕스런 일이었고, 버섯이 식탁에 올라 올 때면 아주 오랫동안 앉아 있을 것이라는 것을 알았다. 그때마다 '나는 버섯이 싫다.'라고 생각했다. 냄새, 질감, 색 등 버섯의 그 어떤 것도 마음에 들지 않았다. 하지만 나이가 들면서 버섯의 맛을 알게 됐고, 이제는 내가 가장 좋아하는 음식 중 하나가 되었다. 이제 나는 버섯을 좋아하거나 싫어한 것이 "내"가 아니라, 내 미각과 후각이 함께 작용하여 "나는 버섯이 싫다"라는 경험을 하게 되었다는 것을 깨달았다. 평균적으로 사람은 입 안에 약 10,000개의 미뢰를 가지고 있으며, 이들은 계속해서 새로운 미뢰로 교체되고 있다. 나이가 들면서 우리는 음식의 맛이 달라지는 것을 경험하게 된다. 우리의 몸은 영원하지 않고 끊임없이 변하기에, 앞으로 5년, 10년, 또는 20년 뒤에 어떤 음식을 좋아할지 또는 싫어할지조차 알 수 없는 것이다. 이러한 인식을 통해 나는 이전에 '내'가 싫어한다고 생각했던 음식들을 시도할 수 있게 되었다.

다음번 식사할 때, 좋아하는 음식이든 싫어하는 음식이든, 그 어떤 것을 좋아하거나 싫어하는 것이 "내"가 아니라는 것을 기억하도록 하자. 그것은 우리의 감각 기관과 마음의지, 그리고 그 밖의 마음속에서 일어나는 것들이 만들어낸 인식일 뿐이다. 그리고 인식이라는 것은 버섯에 대한 맛처럼 변할 수 있는 것이다.

"나"는 인식, 고통, 선, 악과 같은 많은 중요한 것들의 근원인 것 같습니다. 불교는 자아의 본질에 대해 무엇을 더 가르쳐 줄 수 있나요? 나를 만드는 것은 무엇인가요?

불교의 가르침에 따르면 우리의 "자아"라는 것은 하나의 관점이며 우리의 인식에서 생겨난 것이다. 자아의식은 존재하는 것이 아니라 일어나는 사건이다. 마치 영화의 한 장면을 정지해 한 장의 사진처럼 보는 것과 같다. 모든 영화는 그런 개별적인 프레임들로 구성되어 있지만 우리가 영화를 볼 때는 이것을 하나의 연속적으로 움직이는 영상으로 인식하며, 연결된 이야기를 전달받는다. 우리 자아는 이런 영화필름과 같아서 매순간의 경험에서 생성되는 고유한 정지 이미지들의 모음인 것이다. 시간을 멈추고 이 특정 순간의 개별 프레임을 볼 수 있다면, 그 직전과 직후의 프레임이 조금씩 다르다는 것을 알 수 있을 것이다. 다시 말해, 지금 이 순간의 나는 바로 이전 순간의 나와 같지 않다는 것이다.

붓다는 우리가 개별적으로 구별되는 '나' 또는 '자아'에 대한 인식을 만들어내는 다섯 가지 구성 요소로 이루어져 있다고 가르쳤다. 이 다섯 가지 요소를 오온(五蘊, five skandhas)이라고 부르며, 팔리어 스칸다(skandhas)는 "집합체" 또는

"더미"를 의미한다. 오온(五蘊, 각 팔리어 명칭)은 색(色, rupa), 수(受, vedana), 상(想, sanna), 행(行, sankhara), 그리고 식(識, vinnana)이다.

또한 이 주제에 대해 붓다는 우리가 여섯 가지 감각 기관을 통해 현실과 세상을 감지한다고 가르쳤다. 눈은 보이는 형태를 감지하고, 귀는 소리를 감지하고, 코는 냄새를 감지하고, 혀는 맛을 감지하고, 몸은 만질 수 있는 것을 감지하며, 마음은 생각이나 관념을 감지한다. (앞의 다섯 가지 감각들은 우리가 학교에서 배운 것이지만 불교에서는 마음도 감각 기관으로 간주한다. 왜냐하면 우리의 마음은 생각과 관념을 감지하기 때문이다.)

오온에 대해 더 설명해 주세요. 그것들은 어떻게 작동하나요?

자아를 형성하는 오온(五蘊, five skandhas)은 다음과 같다.

색色: 형태 또는 물질(RUPA)

색色은 형태 또는 물질을 의미하며, 단순히 시각, 청각, 미각과 같이 기존의 오감 중 하나로 감지할 수 있는 모든 물질적 대상을 말한다.

수受: 느낌 또는 감수 작용(VEDANA)

수受는 우리가 무언가를 감지할 때 발생하는 감정 상태이다. 우리는 어떤 냄새를 맡으면 즐거웠거나 불쾌했거나 혹은 좋지도 안 좋지도 않았는지에 맞춰서 느낌을 바로 일으킨다. 감각과 관련된 감수 작용은 쾌락, 고통 또는 중립의 감각으로 이해될 수 있다.

상想: 인식(SANNA)

상想은 우리가 경험한 느낌을 인식하거나 식별하는 것이다. 우리는 무언가를 볼 때 지금 우리가 인식하고 있는 것과 연관된 어떤 것이든 찾으려고 기억을 훑기 시작한다. 예를 들어, 깜깜한 복도는 상황이나 과거의 기억(공포 영화의 기억조차)에 따라 많은 사람들에게 불안감을 줄 것이다. 상想은 우리가 감지하는 것에 '어두움', '복도', '무서움'과 같은 이름을 부여하는 과정이다.

행行: 마음의지 또는 의도를 비롯한 마음형성 작용(SANKHARA)

행行은 우리의 좋아함, 싫어함, 편견, 선입견이 개입되는 곳이다. 예를 들어, 강한 치즈 냄새를 맡으면, 그 순간 나의 마음의지는 치즈에 대한 인식에 영향을 미치게 된다. 치즈 냄새는 프랑스 여행을 떠올리게 할 수도 있고, 옛 룸메이트의 냄새 나는 발을 떠올리게 할 수도 있다. 어느 쪽이든, 내 마음의지는 치즈 냄새에 대한 나의 인식을 바꿀 것이다. 이러한 마음작용은 우리가 경험하는 마음상태보다 언제나 선행한다.

식識: 의식 또는 인식·판단 작용(VINNANA)

식識은 오온의 각 구성 요소에 대한 일반적인 인식이며 경험의 전체 과정을 가능하게 해주는 것이다. 예를 들어, 탁자 위에 놓인 책을 볼 때, 우리의 눈과 책만으로는 경험이 생기지 않는다. 의식, 눈, 책, 그리고 나머지 오온들이 함께 일어나야만 비로소 보는 경험이 생기게 된다. 이것이 불교에서 종종 의식을 특정 감각 기관에 기반을 두어 언급하는 이유이다. 그래서 우리가 광경을 볼 때 눈의 의식이 일어나고, 소리를 들을 때 귀의 의식이 일어난다. 우리가 감각 기관과 의식을 통한 감각 대상 사이의 관계를 인식하게 되면, 그 인식 과정에서 감정적인 반응이 일어나고 있음을 알아차리게 된다. 우리가 감각 기관을 통해 무언가를 인식할 때는 실제로는 감각하는 대상에 감정이 개입되고 있는 상태로 상호작용하고 있다는 것이다.

그렇다면 이러한 감각과 인식은 어떻게 나를 나로 만드는 건가요?

우리의 자아의식은 우리가 매순간 인식하는 것에 대한 감정적 반응에 의해 만들어진다. 우리가 보고, 듣고, 냄새 맡고, 맛보고, 느끼고, 생각하는 순간, 이를 감지하는 '자아'의 감각이 생겨난다. 다시 말해 인식이 발생하는 순간 그 인식에 대한 반응이 일어난다. 인식을 경험하고 있는 "나"는 자아의식을 일으키는 것이다.

붓다는 오온五蘊을 많은 다른 가르침에서도 거듭 설하고 있다. 붓다가 이 가르침에서 언급한 가장 중요한 점은 "나"을 경험하게 만드는 오온 덩어리가 실제로 "나"가 아니라는 것이다. 그것들은 일시적이고 연기적이며 상의상관적이고 상호의존적이며 조건적 현상들로, 이러한 인식되고 경험된 오온 덩어리가 바로 나라는 생각은 착각이다.

이러한 오온 덩어리는 단지 일시적인 현상이며, 다른 현상들에 의해 조건 지워지고 만들어진 것일 뿐 '우리 자신'이 아니라는 것을 깨달을 때, 우리는 깨달음의 길에 들어서게 된다.

그대들의 것이 아닌 것을
버려야 한다.
그러면 무엇이 그대들의 것이 아닌가?

색色·수受·상想·행行·식識
이것들은 그대들의 것이 아니다.
그것을 버리면
오랜 세월
이익과 행복이 있을 것이다.

붓다,
맛찌마 니까야

4부
핵심 수행

이 장에서는 불교 수행자들이 앞서 배운 가르침과 개념을 적용하는 몇 가지 일반적인 방법에 대해 배우게 된다. 이러한 수행이 불교적 신념과 관계없이 누구에게나 어떻게 이롭고 유익할 수 있는지에 대한 이해가 깊어질 것이다. 불교도가 아니어도, 세상과 주변 사람들을 경험하고 소통하게 하는 수행이 가지는 변화의 힘이 곧 지혜임을 인식할 수 있다.

비폭력이나 물질주의를 지양하는 것과 같이 때때로 불교와 어울리는 특정한 생활 방식이 있는 것 같습니다. 그게 어디에서 비롯된 것일까요?

많은 종교는 유대-기독교의 신과 같은 권위있는 존재가 정한 십계명처럼 형식화된 도덕적, 윤리적 규칙을 가지고 있다. 불교에는 복종해야 하는 신이 없으며, 계명 목록도 없다. 하지만, 대부분의 불교도들이 지키고자 노력하는 다섯 가지 기본 계율이 있다. 이 계율은 명령이 아니라, 보다 조화로운 삶을 살기 위한 권장 사항으로 이해하는 것이 더 적절하다. 계율의 궁극적인 목표는 우리의 행동이 있는 그대로 현실과 조화를 이루는 생활 방식을 실천하는 것이다.

불교의 계율들은 무엇인가요? 불교도에게 어떻게 생활하라고 가르치나요?

깨달음을 얻은 사람은 자연히 계율에 따라 생활하게 되므로 우리의 일상에서 계율을 따르는 수행은 깨달음의 일부인 것이다. 다섯 가지 계율, 오계五戒는 다음과 같다.

1. 생명을 빼앗는 것을 삼가라.

불교에는 도덕적 절대성이 없기 때문에 이 계율은 다른 계율과 함께 사람이나 전통에 따라 다르게 해석될 수 있다. 어떤 사람들에게는 이 계율이 낙태, 사형 또는 곤충 살생에 대한 입장을 결정짓는 데 영향을 줄 수도 있다. 자신의 행동이 탐욕, 증오, 미혹에 의한 것인지 아니면 친절, 지혜, 자비에 의한 것인지 살펴보는 것이 올바른 판단에 도움이 된다. 여기서 의도가 중요한 역할을 한다. 예를 들어, 가족이 곰의 공격을 받고 있다면 위협받는 가족의 생명을 구하기 위해 곰의 목숨을 빼앗아야 할 수도 있다. 이 경우, 만약 그 행위가 증오 없이 행해진다면 이 계율을 지킨 것으로 해석될 수 있다.

2. 주어지지 않는 것을 취하는 걸 삼가라.

불교의 계율은 124페이지에서 논의된 팔정도의 일부인 바른 행동과 밀접하게 연관되어 있다. 주어지지 않은 것을 취하지 않는 것은 당연한 것처럼 보이지만 이 계율은 단순히 도둑질하지 않는 것 이상의 의미를 담고 있다. 여기에는 자신의 행동이 다른 사람에게 미칠 영향을 이해하는 것과 자신의 의도에 대한 평가가 포함된다. 주어지지 않은 것을 탐하지 않는 것도 행복과 만족의 원천이 될 수 있다. 예를 들어, 남의 것을 탐하지 않음으로써 다른 사람에게 해를 끼치지 않았다는 사실을 아는 것이 즐거움이 될 수 있는 것이다. 또한 다른 사람들이 우리를 신뢰하고 우리의 말을 믿는다는 것을 아는 것 역시 우리에게 즐거움을 줄 수 있다. 후회 없는 삶을 사는 데에는 평온함과 즐거움이 있는 것이다.

3. 성적 부도덕 행위는 삼가라.

이 계율은 불교의 여러 종파에 따라 다르게 이해되기도 한다. 상좌부(Theravada)와 같은 일부 전통에서는 비구, 비구니가 금욕적인 반면 일본의 정토종(Jodo Shinshu)과 같은 다른 종파에서는 수도자의 결혼이 일반적이며 허용된다. 어떤 행동이 부도덕한지의 기준은 각 불교 수행자의 전통과 사회적 관점에 의해 결정될 것이다. 비동의적인 성적 관계 및 착취

와 같은 행위는 명백히 부도덕으로 간주되지만, 다른 행위들이 이 계율에 부합하는지는 종파와 문화적 배경에 따라 달라질 수 있다. 모든 계율에서 그렇듯이, 어떤 행동이 자신에게 어떤 감정을 불러일으키고 다른 사람들에게는 어떤 영향을 미칠지를 살펴보는 것이 이 계율에 부합한지를 판단하는 좋은 출발점이 될 수 있다.

4. 잘못된 말은 삼가라.

이 계율은 단순히 거짓말을 하지 않는 것 이상의 의미를 담고 있다. 그것은 정직하게 말하고 다른 사람에게 유익한 방식으로 소통하는 것을 의미한다. 잘못된 말이란 탐욕, 증오, 무지라는 세 가지 독毒에 뿌리를 둔 말이다. 자신이 원하는 것을 얻기 위해 다른 사람을 오도하는 것, 의도적으로 다른 사람에게 상처를 주며 말하는 것, 험담하는 것 모두 잘못된 말의 형태이다. 바른 말은 탐욕, 증오, 무지 없이 말할 때 자연스럽게 나오게 된다.

5. 마음을 흐리게 하는 중독물을 삼가라.

이 계율은 불교 여러 종파에서 다르게 해석되어 실천하고 있다. 일부 불교도에게 이 계율은 마약이나 알코올과 같은, 취하게 만드는 물질을 엄격히 금지하는 것으로 이해된다. 반면

다른 불교도들에게 "중독물"이란 마음 흐리게 하거나 인식
을 변화시키는 모든 것이 될 수 있다. 여기에는 우리가 빠져
들게 되는 대중매체나 도박과 같은 중독성 습관이 포함될 수
있다. 이 계율은 수행자들이 삶에 있어서 직접적인 경험을
하는 데 방해가 되는 것들에 대해 주의를 기울이도록 격려하
기 위한 것이다.

살아 있는 것에
폭력을 쓰지 않고
죽이거나 죽게 하지 않는 사람
그를
나는 수행자라 부른다.

붓다.
담마빠다

불교도는 채식주의자인가요? 불교를 믿으면서도 고기를 먹는 것이 가능한가요?

일부 불교도들은 채식주의를 실천하지만, 그렇지 않은 사람들도 있다. 반복되는 말이지만, 불교를 믿기 위해 의무적으로 해야 하거나 하지 말아야 할 것은 없다. 붓다는 제자들에게 채식주의자가 될 것을 요구하지 않았다. 붓다는 살생이 수행에 있어서 비숙련된 행위라고 가르쳤지만, 제자들에게 고기를 포함하여 공양 받은 모든 음식은 기꺼이 받아들이도록 격려했다.

　일부 불교 종파에서는 첫 번째 계율을 실천하기 위해 채식을 권장하고 실천하지만 일부는 그렇지 않다. 어떤 이들은 살생을 하지 않으려면 채식주의자가 되어야 한다고 주장하는 반면, 다른 이들은 채식식단을 제공하기 위해 밭을 갈거나 농약을 살포하는 과정에서 많은 벌레와 곤충이 죽는다는 점을 지적한다. 결국, 채식주의는 개인적인 선택이며, 자신의 삶의 특정한 상황에 적합한지 여부를 스스로 결정해야 할 것이다.

다섯 번째 계율인 중독물에도 비슷한 해석의 여지가 있나요? 어쨌든 많은 불교도들이 술을 마시나요?

다시 말하자면, 다섯 번째 계율 또한 절대적 복종의 명령이 아니기에 어떤 사람은 그렇게 하고 어떤 사람은 하지 않는다. 이 계율은 마음을 흐리게 하는 중독물을 피하라는 것이지만 이것이 반드시 술을 금한다는 의미는 아니다. 일부 불교 종파에서는 술을 완전히 피할 것을 제안하는 반면, 다른 일부는 마음챙김이 가능한 선까지는 음주를 허용할 수 있다. 모든 행동과 마찬가지로 음주의 의도를 이해하는 것이 중요하다. 어떤 사람들은 현실을 직시하고 이해하고 받아들이기보다 현실 도피의 수단으로 술을 마신다. 불교적 관점에서 볼 때 그것은 자신과 타인에게 불필요한 고통을 줄 수 있는 삶에 대한 비숙련된 해결 방식이다. 불교 수행의 주요 목표 중 하나는 마음의 본질에 대한 더 큰 통찰을 얻는 것인데, 술로 인해 마음이 흐려진 상태에서는 이 수행이 거의 불가능한 것이다. (심지어 완전히 술이 깬 상태에서도 어려운 일이다!)

따라서 불교에서는 음주 자체를 도덕적인 문제로 간주하지는 않지만, 술이나 약물로 마음이나 판단을 흐리게 하는 것은 일반적으로 깨달음에 더 가까워지게 하는 것으로 여기지 않는다. 술을 완전히 금할 것인지 아니면 절제할 것인지는 자기 성찰과 정직, 성숙함이 요구되는 개인의 결정인 것이다.

불교를 실천하려면 불교도가 되어야 하나요? 어떻게 불교도가 되나요?

불교는 개종을 목표로 하는 종교가 아니기 때문에, 실제로 누군가를 전향시키는 데 초점을 맞추거나 관심을 두지는 않는다. 불교의 사상과 가르침이 자신에게 의미가 있다면, 자신의 삶에서 이를 실천하기를 시작할 수 있다. 누구든지 그로부터 이익을 얻을 수 있으며, 공식적으로 불교도가 될 필요는 없다.

하지만, 불교가 자신에게 맞는 길이라는 결심이 선다면, 티사라나(tisarana, 삼귀의처三歸依處 또는 삼보三寶)에 귀의할 수 있다. 즉 세 가지의 보물인 불(佛, 붓다), 법(法, 붓다의 가르침), 승(僧, 승가 공동체)에 귀의하여 불교도가 되는 것이다. '삼귀의三歸依'는 대부분의 경우 불교 사찰에서 공식적인 의식을 하며 이루어지지만, 개인적으로도 "거룩한 부처님께 귀의합니다. 거룩한 가르침에 귀의합니다. 거룩한 스님들께 귀의합니다!"라고 암송하여 '삼귀의'를 행할 수 있다.

삼귀의에 대해 자세히 알려주세요. 이것에 "귀의한다"는 것은 실제로 무엇을 의미합니까?

말 그대로 '귀의歸依하다'는 것은 위험으로부터의 보호나 의지依支를 찾아 돌아오는 것을 의미한다. 우리가 마주한 그 위험이란 우리 자신의 습관적 반응이나 수행이 덜 된 생각들이 만들어내는 것이다. 만일 그 위험으로부터의 보호를 삼보에서 찾을 수 있다면, 우리가 습관적으로 반응하면서 자신과 타인에게 초래하는 고통을 최소화하거나 심지어 제거할 수 있을 것이다. 나는 귀의하는 과정이 과거보다 더 나아지겠다는 의도를 세우는 새해 결심과 비슷하다고 생각한다. 삼귀의가 각각 무엇을 의미하는지 자세히 살펴보자.

"거룩한 부처님께 귀의합니다." 붓다에게서 의지依支를 찾는다는 것은 붓다가 깨달음을 얻을 수 있었고 따라서 우리도 그럴 수 있다는 것을 인식하는 것을 의미한다. 붓다에게 귀의하는 것은 붓다를 통해 우리 자신을 보고, 우리 자신의 습관적 반응성과 마음속 탐, 진, 치의 삼독에서 벗어나기 위해 노력해 볼 기회를 갖는 것이다.

"거룩한 가르침에 귀의합니다." 불교의 가르침에서 보호를 찾는다는 것은 그것이 우리 자신과 현실의 본질에 대한 새로운 관점과 깊은 이해를 줄 수 있다는 것을 인식하는 것이다. 이는 단순히 가르침을 믿거나 받아들이는 것을 넘어서, 가르침의 실천이 실제로 더 평화롭고 조화로운 삶의 방식을 만들어낼 것이라고 믿는 것이다.

"거룩한 스님들께 귀의합니다." 승가 공동체에서 의지依支를 찾는다는 것은 다른 사람들과 함께 수행함으로써 우리가 서로 도움을 주고받을 수 있다는 것을 인식하는 것이다. 다른 사람들과 함께하는 수행의 중요성은 아무리 강조해도 지나치지 않다. 좋은 친구는 우리가 자신에게서 보지 못할 수 있는 수행이 덜된 행동을 볼 수 있도록 도와준다. 다른 사람에게 마음을 열어 서로를 응원하며 힘이 될 수 있게 하는 것은 자아중심적 삶을 극복하는 중요한 단계이다.

모두가 명상에 대해 이야기하고 붓다도 명상을 통해 깨달음을 얻었으니 중요한 수행으로 보입니다. 그렇다면 어떻게 해야 하나요? 불교에는 정확한 명상 방법이 있나요?

불교의 다양한 종파에서 가르치는 명상 기술과 방법은 무수히 많다. (하지만, 일부 불교 종파에서는 명상을 전혀 하지 않는다.) 가장 일반적인 기법 중 하나는 마음챙김 명상이다. 이는 세상과 우리 자신의 경험에 대한 관찰자가 되는 법을 배우기 위한 것이다. 우리는 많은 시간을 생각에 빠져 우리의 생각과 감정에 의미를 부여하고 있다. 다른 생각으로 생각을 쫓거나 또는 생각을 통제하려고 시도하는 것은 오히려 습관적으로 반응하는 문제를 악화시킬 뿐이다. 마음챙김 명상은 우리가 이러한 반응의 순환에서 벗어나는 데 도움을 준다.

마음챙김 명상의 기법은 호흡을 관찰하는 것만큼이나 간단할 수 있다. 숨 쉬는 느낌이 어떤지 알아차려 보자. 들숨과 날숨 사이에 코끝의 미세한 온도 변화를 느낄 수 있는가? 숨을 쉴 때마다 가슴, 어깨 또는 복부가 미묘하게 들고나는 게 느껴지는가? 이러한 것을 관찰할 때, 우리는 반응적으로 사고하는 것을 잠시 멈추게 되고 이런저런 의미를 만들어내는 것도 중지한다. 예를 들어, 우리가 밖에 앉아 떠다니는 구름을 바라볼 때 보이는 형태에 가치를 담으려 하지는 않는다. "이건 좋은 구름이야.", "저건 나쁜 구름이야.", "저 구름은 제대로 피어오르지 않았네.", "저 구름은 너무 높아."라고 생각하지 않는다는 것이다. 이러한 관찰의 순간에는 그저 구름을 있는 그대로 볼 뿐이다.

우리가 이 과정을 내면으로 돌리면, 우리 자신의 생각과 감정에 대해서도 동일하게 편견 없고 비판하지 않는 태도를 경험하기 시작 할 수 있다. 그러다 보면 어느덧 우리에게 일어나는 분노를 좋다, 나쁘다고 판단하지 않게 될 것이다. 그저 감정이 느껴진다는 것을 알아차리고 저항하거나 맞서 물리치려 하지 않고 그대로 두게 될 것이다. 그러면 어느새 그 감정은 사라지거나 다른 감정으로 대체될 것이다. 마치 하늘에 떠 있는 구름처럼.

강을 바라보며

나는 산이 많은 지역에 살고 있으며, 여름에는 다양한 산길을 하이킹하며 시간을 보내는 것을 즐긴다. 몇 년 전 여름, 나는 강이 내려다보이는 오솔길을 하이킹하고 있었는데, 그곳에서 잠시 쉬면서 명상을 했다. 명상을 마친 후, 나는 강을 바라보며 물이 계속해서 아래로 흐르는 것을 지켜보았다. 그 강에는 정말로 고정된 것이 없는지 생각해 보았다. 강물은 항상 새롭다. 강가의 모양은 퇴적물과 바위가 씻기고 침식되면서 계속해서 변화하며 진화하고 있다. 강줄기의 흐름 또한 일 년 중 흐르는 물의 양에 따라 매번 달라지고 있다. 강 자체는 항상 새로우며, 늘 변화하고 있는 것이다.

나는 이 관찰을, 명상 중에 내면을 들여다보면서 방금 전까지 관찰했던 것과 연결해 보았다. 나의 어떤 부분이 영구적일까? 내 세포는 지속적으로 재생되고 분열한다. 오래된 기억은 희미해지고, 새로운 기억은 계속 더해진다. 내 생각, 관념, 의견은 시간이 지남에 따라 계속 진화하는 것 같다. 나 자신도 강물처럼 영구적인 것처럼 보이지만, 막상 찾아보면 영구한 것이 아무것도 없다는 것을 깨달았다. 명상은 우리가 무언가를 깊이 보게 되었을 때 삶의 안목에 있어서 깊은 변화를 가져올 수 있다. 강을 바라보는 그저 단순한 행위 하나가, 우리 안과 밖에 존재하는 상호의존과 무상이라는 보편적 법칙을 발견하도록 도울 수 있는 것이다.

명상은 완전히 빈 마음을 갖는 것이 목표라고 들었습니다. 명상할 때 생각을 멈춰야 하나요?

명상할 때 마음을 비워야 한다는 생각은 흔히 하는 오해이다. 우리가 명상할 때 우리는 단순히 현재 존재하는 생각과 감정, 모든 것을 관찰하려는 것이다. 우리의 생각이나 다른 어떤 것을 통제하려고 하는 것은 실제로 고통의 주요 원인 중 하나이다. 왜냐하면 우리는 상황이 현재의 모습과 다르길 바라는 순간 고통을 경험하기 때문이다. 우리는 자신의 생각에서도 자주 이런 경험을 한다. 어떤 생각이 떠오르고 그것이 불쾌하게 느껴지면 그 생각을 억지로 지우려고 노력한다. 하지만 불쾌한 생각을 제거하려는 생각은 오히려 그 불쾌한 생각을 더 강하게 만들 뿐이다.

따라서 명상의 목표는 우리의 생각을 통제하는 것이 아니라 그것을 관찰하고 우리 마음의 내면적 작용을 더 잘 이해하는 것이다. 한번 시도해 보자. 그리고 생각을 통제하려는 시도를 중단하면 어떤 일이 일어나는지 지켜보도록 하자. 다른 모든 것들과 마찬가지로, 생각 또한 상호의존적이고 무상하다는 것을 깨닫도록 하자. 생각은 일어나고 머물다가 사라지거나 다른 생각으로 대체된다.

불교 승려들이 염불하는 녹음을 들은 적이 있습니다. 무슨 내용인가요? 모든 불교도들이 염불을 하나요?

진언을 외는 것은 일부 불교 종파, 특히 티베트 대승 불교 전통에서 흔히 볼 수 있는 수행법이다. 명상과 마찬가지로 생각과 사고의 습관적 반응성에서 벗어나기 위한 것이다. 진언을 반복하거나 염불에 집중하면 습관적 사고와 반응에 빠질 기회가 줄어들게 된다.

진언은 보통 팔리어나 산스크리트어로 계속 반복할 수 있는 짧은 문구나 표현이다. 불교에서는 기도의 대상이 되는 신이 없기 때문에 진언은 기도문과는 다르다. 널리 알려진 불교 진언 중 하나는 "옴 마니 반메 훔"이고 "연꽃 속의 보석"을 의미한다.

우리는 이미 염불 수행 중

처음 불교 염불을 들었을 때 나에게는 다소 생소하게 느껴졌다. 그것은 마치 신비로운 형태의 예배처럼 보였다. 하지만 나중에 친구와 이에 대해 이야기를 나누었을 때, 그는 우리가 이미 매일 자신에게 뭔가를 반복하고 있다는 것을 알게 해주었다. '나는 정말 바보야' 또는 '나는 다른 사람들보다 훨씬 낫다'와 같은 습관적인 생각은 우리가 계속 반복하는 진언의 일종이며, 시간이 지남에 따라 자신과 타인을 보는 방식에 영향을 미친다는 것이다. 이 깨달음은 진언 암송이나 염불수행의 가치를 더 잘 이해하는 데 도움이 되었다.

내가 가장 즐겨 암송하는 진언 중 하나는 "내가 행복하기를, 내가 평화롭기를, 내가 고통에서 벗어날 수 있기를"이다. 그런 다음 그 생각을 친구, 가족, 심지어 낯선 사람에게까지 확장한다. "당신이 행복하기를, 당신이 평화롭기를, 당신이 고통에서 벗어나기를"

시간이 지나면서 나에게 반복적으로 하고 있는 진언들과 표현들에 대해 더 잘 인식하게 되었고, 이렇게 반복적으로 하는 것들이 도움이 되는 것인지 아닌지에 대해서 의문을 갖

게 되었다. 그 이후로 나는 부정적인 진언들을 내가 새로 배
운 것으로 교체하여 제거했다. 삶 속에서 스스로에게 도움이
되지 않는 생각들을 되풀이하고 있음을 알게 된다면, 위에서
소개한 것과 같은 긍정적 진언으로 환기하기를 권한다.

일부 종교에서는 십자가나 묵주와 같은 상징물과 의식 도구를 사용합니다. 불교에도 그런 것이 있나요?

불교의 여러 전통에서 다양한 상징을 찾아볼 수 있다. 불상을 특히 흔하게 볼 수 있다. 붓다는 신이 아닌 인간이자 스승이었기 때문에, 불상은 대개 우상 숭배의 대상이 아니며 예외적인 경우를 제외하고는 숭배되지 않는다. 불교도들이 불상에 절을 하는 것은 단지 존경의 표시일 뿐이다. 불상은 세상을 떠난 사랑하는 사람의 영정을 대하듯 경건한 마음으로 대하는 것이다. 비슷한 것으로 불교 염주는 기도가 아닌 명상에 사용된다. 염주는 화합과 조화를 상징하며 개개인을 나타내는 염주알은 법(붓다의 가르침)을 나타내는 하나의 끈으로 함께 묶여 있다. 염주는 염불 때 수를 세는 데 자주 사용되지만, 특별하거나 신성한 것은 아니다. 단순히 더 마음을 집중하고 현재에 머무르는 데 도움을 주는 도구일 뿐이다.

불교에서 자주 사용되는 다른 상징물로는 꽃, 초, 향, 종 등이 있으며, 이들은 모두 무상과 연기에 대한 가르침을 구체화하는 데 도움을 준다. 꽃은 시들고 죽으며, 촛불은 꺼지고, 향은 그 주위를 둘러싼 일체로 퍼지며, 종소리는 서서히 사라져서 종이 울리기 전의 침묵과 하나가 된다. 다른 불교 상

징들과 마찬가지로, 이러한 물건들은 영향력 있는 은유적 도
구이지만 그 자체로 특별한 것은 아니다.

종교나 철학으로서 불교에 관심이 없더라도, 단순히 기분이 나아지기를 원한다면 불교의 수행이 불안과 우울증에 도움이 될 수 있나요?

물론 도움이 될 수 있다! 불안은 우리가 상상할 수 있고, 존재하지 않는 것을 떠올릴 수 있기 때문에 생기는 것이다. 미래를 상상하고 멋진 결과를 시각화할 수 있는 이러한 능력은 반대로 아직 존재하지 않는 어려움에 대해서 쉽게 걱정하게 만들 수도 있다. 마음이 미래에 대한 생각과 얽히게 되는 경우라면 마음챙김 명상과 같은 수행이 다시 현재 순간에 집중하는 데 도움이 될 수 있다. 불교적 접근 방식은 우리가 불안에 저항하거나 맞서 싸우는 대신 오랜 친구를 맞이하듯이 불안을 대하도록 하는 것이다. 불안에 대한 반감을 줄이는 것이 불안 발작의 강도와 지속시간을 감소시키는 데 효과적이라는 것이 임상적으로도 밝혀졌다.

이것은 붓다의 두 가지 화살에 대한 가르침으로 거슬러 올라간다(97페이지 참조). 불안이나 우울과 같은 감정이 첫 번째 화살이고, 이 감정들에 대해 우리가 가지는 슬픔, 분노, 원망이 두 번째 화살이다. 불교는 이 두 번째 화살을 피하여 고통을 줄이는 방법을 가르쳐주는 것이다.

불교를 공부하려면 스승이 필요한가요? 어떻게 찾나요?

과거에는 불교를 배우는 이들이 특정 스승과 함께 공부하는 것이 일반적이었다. 법은 스승에서 제자로 이어지는 계보를 통해 전수되어 왔다. 이러한 전통은 여전히 많은 불교 종파에서 일반적이지만 현대에는 책, 블로그, 동영상, 기사, 팟캐스트 등 다양한 온라인 자료들을 통해 공부할 수 있는 방법이 많이 있다. 스승은 초보 학생들에게 올바른 방향으로 안내하는 중요한 역할을 하지만, 이러한 스승-제자 학습의 모델은 빠르게 진화하고 있다고 생각한다. 스승에게 직접 배우는 것에 관심이 있다면 지역 불교 사찰을 방문하여 자신의 학습 방식과 잘 맞는지 확인하자. 그렇지 않다면 온라인 커뮤니티에서도 같은 종류의 지원을 많이 받을 수 있다. 더 많은 것을 알아볼 때 다양한 불교 종파가 서로 다른 접근 방식을 가지고 있다는 점을 기억하자. 한 문화나 성격에 잘 맞는 것이 다른 문화나 성격에는 잘 맞지 않을 수도 있다. "정확한" 불교의 종파를 찾는 것이 아니라 자신에게 맞는 불교의 종파를 찾아야 한다.

스스로
정진해야 한다.
붓다는
길을 알려줄 뿐이다.

붓다,
담마빠다

추천 자료

불교의 가르침과 개념에 대해 더 알고 싶어 하는 독자에게 다음 책을 추천한다.

Buddha by Karen Armstrong

이 책은 역사적 인물인 고타마 싯다르타(붓다로 알려진)의 철학적 전기이다. 붓다의 삶뿐만 아니라 그가 살았던 세계와 그가 주요 세계 종교 중 하나를 탄생시킨 과정도 다루고 있다.

Buddhism without Beliefs: A Contemporary Guide to Awakening by Stephen Batchelor

이 책은 불교 개념과 사상을 이해하기 위해 내가 계속 찾게 되는 책 중 하나이다. 저자는 불교의 핵심 가르침을 실용적인 방식으로 훌륭하게 풀어내고 있다.

In the Buddha's Words: An Anthology of Discource from the Pali Canon by Bhikkhu Bodhi

내가 가장 좋아하는 붓다 말씀의 영어 버전으로, 팔리어 경전에서 발췌하고 미국인 불교 승려가 번역한 책이다.

Beyond Religion and *Ethics for the New Millennium* by the Dalai

Lama

달라이 라마는 수많은 책을 저술했지만 내가 가장 좋아하는 책은 이 두 권이다. 불교도이든 아니든, 독자라면 누구나 이 책들에서 가치 있는 유용한 것을 얻을 수 있다.

Rebel Buddha: A Guide to a Revolution of Mind by the Dzogchen Ponlop

이 책은 자기 마음을 일깨우는 혁명적인 과정을, 여러 개념과 가르침을 통해 이해하기 쉽게 잘 설명하고 있다.

Buddha's Brain: The Practical Neuroscience of Happiness, Love & Wisdom by Rick Hanson

이 책은 우리의 마음을 작동시키는 신경 과학을 설명하고 있다. 불교에서 가르치는 내용과 신경과학에서 아는 내용을 잘 통합하는 데 큰 역할을 한다.

The Center Within by Gyomay Kubose

이 책은 교메이 쿠보세가 쓴 것으로, 그의 아들인 교요 쿠보세가 나의 스승이었다. 불교의 개념과 사상에 대한 나의 이해는 이 두 훌륭한 스승의 가르침에서 많은 영향을 받았다.

Old Path, White Clouds and *The Heart of Understanding* by Thich Nhat Hanh

달라이 라마와 마찬가지로 틱낫한도 훌륭한 책을 많이 저술했다. 불교에 대해 더 배우고 싶은 분들에게 이 두 권의 책은 아

주 훌륭하면서도 쉽게 다가갈 수 있는 출발점이 되어 줄 것이
라고 생각한다.

*Why Buddhism Is True: The Science and Philosophy of Meditation and
Enlightenment* by Robert Wright

내가 이 책을 좋아하는 이유는, 불교 수행이 어떻게 평화롭고
즐거움이 가득찬 삶으로 이어질 수 있는지 그 과학적 원리와
구체적 이유를 훌륭하게 설명해 주기 때문이다.

"Anuradha Sutta: To Anuradha." Translated by Thanissaro Bhikkhu. Access to Insight. 2004. https://www.accesstoinsight.org/tipitaka/sn/sn22/sn22.086.than.html.

Benedict, Gerald, ed. *Buddhist Wisdom: The Path to nlightenment.* London: Watkins Publishing, 2009.

Corliss, Julie. "Mindfulness Meditation May Ease Anxiety, Mental Stress." *Harvard Health Blog.* Last modified October 3, 2017. https://www.health.harvard.edu/blog/mindfulness-meditation-may-ease-anxiety-mental-stress-201401086967.

"Cula-Malunkyovada Sutta: The Shorter Instructions to Malunkya." Translated by Thanissaro Bhikkhu. Access to Insight. 1998. https://www.accesstoinsight.org/tipitaka/mn/mn.063.than.html.

The Middle-Length Discourses of the Buddha: A Translation of the Majjhima Nikaya. Translated by Bhikkhu Nanamoli and Bhikkhu Bodhi. Somerville, MA: Wisdom Publications, 2015,

Olendzki, Andrew. *Untangling Self: A Buddhist Investigation of Who We Really Are.* Somerville, MA: Wisdom Publications, 2016.

Rasheta, Noah. "Secular Buddhism with Stephen Batchelor." *Secular Buddhism.* Podcast audio. September 18, 2017. https://

secularbuddhism.com/stephen-batchelor/.

"Sallatha Sutta: The Arrow." Translated by Thanissaro Bhikkhu. Access to Insight. 1997. https://www.accesstoinsight.org/tipitaka/sn/sn36/sn36.006.than.html.

Thich Nhat Hanh. *Buddha Mind*, Buddha Body, Berkeley, CA:Parallax Press, 2007.

__________. *The Blooming of a Lotus: Guided Meditation for Achieving the Miracle of Mindfulness*. Translated by Annabel Laity. Boston: Beacon Press, 2009.

"Uposatha Sutta: The Observance Day." Translated by John D. Ireland. Access to Insight. 1998. https://www.accesstoinsight.org/tipitaka/kn/ud/ud 5.05.irel.html.

Watts, Alan. Still the Mind: *An Introduction to Meditation*. Novato, CA New World Library, 2000.

찾아보기

ELSA(엘사) 104

ㄱ

개념적 진리 66

거시적 69

건설적 비판 123

경장 35

경전 35

계율 145, 146, 147, 151, 152

계학 117, 118, 123

고 71, 121

고고 71

고성제 103, 105

고타마 붓다 25

고타마 싯다르타 15, 18, 24, 25

고통 19, 28, 29, 53, 59, 67,
     103, 105, 108, 111

공 81, 83

공안 51

괴고 71

귀의 154, 155

금강승불교(밀교) 37, 41

깜마 91

깨달음 19, 23, 28, 49, 50, 51

깨어남 51

ㄴ

날마다 좋은 날 119, 120

논장 35

니치렌종 38

ㄷ

다르마 15, 42

달라이 라마 32, 37, 95

담마 42

담마빠다 36

대승불교 36, 37, 41, 42, 43

도성제 103, 117

독화살 비유 33, 84

두 번째 화살 116, 167

두카 71, 105

지은이 **노아 라셰타**(Noah Rasheta)

불교 교사이면서 재가 법사이고 작가이자 팟캐스트 「세속 불교」의 진행자이다. 온라인과 전 세계 워크숍에서 마음챙김과 불교 철학을 가르치고 있다. 그는 불교 철학의 기본 원칙을 연구하고 체화하며 가르치는 동시에, 현대 과학, 인본주의, 유머와 통합하여 세상을 더 나은 곳으로 만들기 위해 다른 사람들과 협력하고 있다. 현재는 유타주 카마스에서 아내 그리고 세 자녀들과 함께 살고 있다.

옮긴이 **백귀순**

캐나다 워털루대학교에서 수론을 전공하여 순수수학 석사학위를 취득하였으며, 이후 맥길대학교에서 순수수학 박사과정을 일부 이수하였다. 현재 동국대학교 대학원 박사과정에 재학하며 불교 사상과 현대 사회의 접점을 연구하고 있다.
불교명상지도자 1급 자격을 갖추고 명상 지도를 해오고 있으며, 스님과 재가자를 대상으로 불교 영어 수업을 진행하는 등 불교 교육과 수행의 확장에 힘쓰고 있다.

초심자를 위한 군더더기 없는 불교

초판 1쇄 인쇄 2026년 2월 12일 | 초판 1쇄 발행 2026년 2월 23일
지은이 노아 라셰타 | 옮긴이 백귀순 | 펴낸이 김시열
펴낸곳 도서출판 운주사

(02832) 서울시 성북구 동소문로 67-1 성심빌딩 3층

전화 (02) 926-8361 | 팩스 0505-115-8361

ISBN 978-89-5746-910-1 03220   값 15,000원

http://cafe.daum.net/unjubooks 〈다음카페: 도서출판 운주사〉